Karl-Dieter Bodack

# Sich selbst entdecken – Andere verstehen

## Schritte zu Selbstentwicklung und erfolgreicher Zusammenarbeit

Shaker Verlag
Aachen 2013

**Bibliografische Information der Deutschen Nationalbibliothek**
Die Deutsche Nationalbibliothek verzeichnet diese Publikation in der Deutschen Nationalbibliografie; detaillierte bibliografische Daten sind im Internet über http://dnb.d-nb.de abrufbar.

6. erweiterte Auflage



Printed in Germany.

ISBN 978-3-8440-2219-3
ISSN 0945-0971

Shaker Verlag GmbH · Postfach 101818 · 52018 Aachen
Telefon: 02407 / 95 96 - 0 · Telefax: 02407 / 95 96 - 9
Internet: www.shaker.de · E-Mail: info@shaker.de

# Inhalt

# 1. Vorwort

*Vergesst eure Not,*
*sagte die Schlange, und versucht hier zu helfen;*
*Vielleicht kann euch zugleich mitgeholfen werden.*
*Ein Einzelner hilft nicht, sondern wer sich mit vielen*
*zur rechten Stunde vereinigt.*

J.W. von Goethe: Das Märchen

Die globale Wirtschaftsszene ist durch Unmenschlichkeiten gezeichnet: Lohndumping und Ausbeutung, Personalabbau und Entlassungen, feindliche Übernahmen von Unternehmen, Zunahme von Armut und zuletzt Zusammenbruch maßgeblicher Banken. Diese fatalen Entwicklungen korrespondieren mit der Bewegung gigantischer Geldbeträge, durch die weltweit Wirtschaftssysteme an den Rand den Abgrunds geraten. Die Konzentration von Milliardenvermögen in die Verfügungsgewalt Weniger schafft Konzentration wirtschaftlicher Macht (1).

Dem entgegen entstanden und entstehen weltweite Bürgerbewegungen, in denen sich inzwischen Millionen Menschen ehrenamtlich engagieren, die sich eigene Organisationsformen schaffen - oft gegensätzlich zu den hierarchisch gestalteten Unternehmen der Wirtschaft.
In dieser Szene gibt es mehr und mehr selbstverwaltete Initiativen, Einrichtungen und Unternehmen mit vielfältigen Wirkensfeldern. Sie gestalten sich alternativ und leisten tatsächlich Vieles qualitativ besser als Großkonzerne. Führend dabei sind religiös und/oder ökologisch orientierte Gruppen. Hier arbeiten Menschen aus eigener Motivation mit der Zielsetzung, menschenwürdige Daseinsformen zu schaffen und Natur und Schätze der Erde sorgsam zu verwenden.

Gerade in diesen Gruppen gestaltet sich die Zusammenarbeit trotz guten Willens der Mitwirkenden oft schwierig und führt immer wieder zu Konflikten, Machtkämpfen und Mobbing - zu sozialen Prozessen, die in krassem Gegensatz zu den Zielsetzungen der Initiativen stehen.

Mit diesem Buch möchte ich versuchen, das eigene Selbstverständnis zu wecken mit dem Ziel, Fähigkeiten zu sozialem Wirken zu entwickeln. Aus sich-selbst-verstehen kann man fähig werden, Andere zu verstehen. Daraus können dann Mittel und Wege gewonnen werden, Zusammenleben und Zusammenarbeiten menschengemäß zu gestalten.

Hierbei baue ich auf meinen Erfahrungen, die ich vor allem bei der Deutschen Bundesbahn und Deutschen Bahn AG, der Ausgründung eines DB-Werkes zu einer GmbH, sowie bei meiner Mitwirkung zur Gründung und Entwicklung einer Waldorfschule gewann. Allen, die mir über viele Jahre Verantwortung anvertrauten, bin ich zu tiefem Dank verpflichtet. Auch den Autoren, deren Bücher mich anregten, und den Teilnehmern meiner Seminare, die mir Kritik und Zustimmung schenkten, sei mit diesem Buch ganz herzlich gedankt! Vor allem gilt mein herzlicher Dank meiner Ehefrau Irmhilt, die mit viel Geduld die Skizzen gefertigt, den Text lektoriert hat und vor allem meine Arbeit seit 4 Jahrzehnten liebevoll fördert.

Immer wieder habe ich in meinem Arbeitsleben erfahren, dass Menschen sich als erfolgreich erleben - nicht weil sie betriebswirtschaftliche Gewinne schaffen, sondern weil sie Befriedigung und Erfüllung finden, die sie oft sogar als „Glück" erleben. Dies sehe ich dadurch verursacht, dass die gemeinsame Arbeit mehr ist und mehr bewirkt, als die Summe der individuellen Beiträge. In der Zusammenarbeit entsteht „Synergie", treffender „Synarchie", die die Menschen zu besonderen Leistungen befähigt, und damit die Existenz von Unternehmen nachhaltig sichert (2).

Dies wird nach meinen Erfahrungen möglich, wenn die Mitwirkenden
› ihre persönlichen Fähigkeiten weitgehend in die gemeinsame Arbeit einbringen,
›› sich selbst dabei entsprechend ihren individuellen Lebenszielen so gut als möglich entwickeln,
››› und damit eine Initiative oder ein Unternehmen befähigen, so gute Leistungen zu erbringen, dass deren Existenz langfristig gesichert wird.

Nun erscheint dieses Buch in der 6. Auflage, in einigen Abschnitten aktualisiert, im großen Ganzen jedoch unverändert: Hat es doch im gesellschaftlichen Umfeld seit seinem ersten Erscheinen im Jahre 2007 an Aktualität gewonnen. „Die Rüpel-Republik -- Warum sind wir so unsozial?" heißt ein aktuelles Buch von Jörg Schindler (Magazin „Der Spiegel") (3). Nach einer schonungslosen Darstellung aktueller sozialer Symptome findet er zum Schluss im Kapitel „Wie aus vielen kleinen Regungen eine Bewegung wird" einige Initiativen, in denen Menschen aus freien Entscheidungen gemeinsam etwas schaffen, das das Gemeinwohl verbessert.

Einige Erfahrungen im Rahmen der fünf vorangegangenen Auflagen können mich noch nicht befriedigen: Bislang habe ich kaum einen Leser gefunden, der wirklich in das Buch hineingearbeitet hat, der das mir wesentlich erscheinende Ziel der eigenen Entwicklung so ernsthaft verfolgt hat, dass er Kritik und eigene Erkenntnisse dem gegebenen Text hinzugefügt hat. Es ist offensichtlich gängige Gewohnheit, ein Buch zu lesen -- und dann befriedigt festzustellen, es geschafft und verstanden zu haben!

Damit auch dies Freude bereitet, habe ich das Buch sinnvoll gegliedert und gestaltet: Alle Kapitel beginnen stets auf der rechten Seite, ebenso sind alle Seiten, auf denen der Leser arbeiten kann, rechts. Zeichnungen und zitierte Texte, die betrachtet und erlebt werden sollen, stehen immer links. Die Kapitel, die ein aktives Mitdenken erfordern und zum Nachdenken anregen, sind in „Dreischritten" auf jeweils vier Seiten gestaltet: Bild - Erläuterung - Freiraum mit Hinweisen für die individuelle Weiterarbeit. Die linierte Seite möge zum Innehalten dienen, zur Reflexion, zum kritischen Bewerten: Am Fuß der Seite stehen die Literaturhinweise. Ab Kapitel 20 gruppieren sich dann jeweils zunächst drei, später sechs Abschnitte zu einem Thema. Die Kapitel 32 und 33 bieten mit einem Essay und einem Interview Blicke in Geistesfelder und in die Berufsarbeit. Danach findet der Leser wieder„Arbeitsseiten" im Rhythmus der ersten Kapitel.

*Gröbenzell, im September 2013*

*Karl-Dieter Bodack*

*Erkläre mir etwas, und ich vergesse.*
*Zeige mir etwas, und ich behalte.*
*Lass mich es tun, und ich verstehe.*

Konfuzius
551-479 v.Chr.

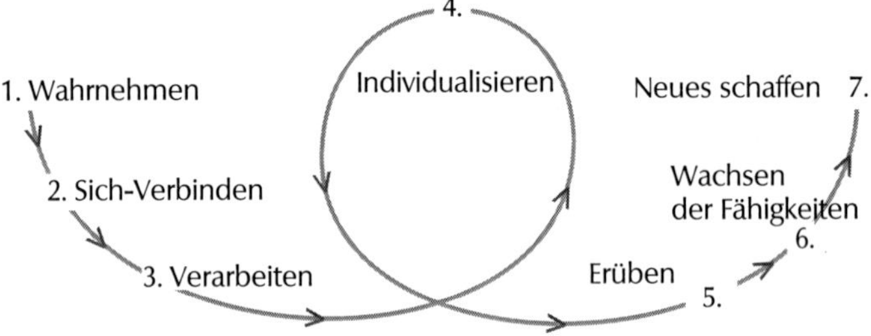


Van Houten´s Darstellung des Lern- und Erfahrungsprozesses

## 2. Vom Lesen zum Wirken

Dieses Buch zielt darauf ab, das eigene Leben und das Zusammenleben mit Anderen bewusst so zu gestalten, dass es sinnerfüllt werden kann und dass die Ziele einer Zusammenarbeit so gut als möglich erreicht werden (4). Das erfordert mehr als lesen, mehr als zur Kenntnis nehmen. Die Flut von Informationen, die uns täglich erreicht, verschüttet oft mehr Fähigkeiten, als sie weckt... Wir werden tendenziell passiver, statt unser Leben aktiv zu gestalten.

Coenraad van Houten hat diese Zeittendenz aufgegriffen und das Erwachsenenlernen – so es denn überhaupt stattfindet – als „Schicksalslernen" dargestellt (5). Er sieht sieben Schritte von der Informationsaufnahme bis zum Kreativ-Werden:

1. Vielseitig wahrnehmen, aufnehmen, sich erwärmen;
2. Sich bewusst mit den Inhalten verbinden;
3. Inhalte verarbeiten, in eigener Weise erschließen und verstehen;
4. Kritisch prüfen, aussondern, was nicht akzeptiert wird, verbinden der Inhalte mit früher Erworbenem;
5. Mit dem Neu-Erworbenen arbeiten, es übend anwenden;
6. Fähigkeiten weiter entwickeln, neue Fähigkeiten gewinnen, seelisch wachsen;
7. Probleme erkennen, kreativ Lösungen finden und realisieren.

Um dies zu ermöglichen, sind in diesem Buch übersichtlich jeweils einige Seiten einem Erkenntnis- und Übungsschritt gewimet. Es wurde versucht, jeden Schritt so kurz und prägnant darzustellen, dass er mit wenig Zeitaufwand gelesen werden kann. Danach sollte der Leser sich genügend Zeit zu eigener Reflexion, zu kritischer Prüfung gönnen. Die Zeichnungen mögen das Verständnis vertiefen und die Inhalte veranschaulichen. Leere und linierte Flächen mögen dazu anregen, eigene Skizzen und Kommentare einzutragen und so dieses Buch in persönlicher Weise zu vervollkommnen und fortzuschreiben.

Jedem Kapitel sind Literaturangaben beigefügt, die Quellen benennen und dazu anregen sollen, im jeweiligen Thema weiter zu arbeiten.

Fruchtbar kann dies werden, wenn die Inhalte ins tägliche Leben genommen, dort geprüft, erhärtet, korrigiert oder auch verworfen werden.

Erfolgreiches soziales Wirken und Bewirken setzt vor allem Selbstreflexion voraus, die kritische Prüfung des eigenen Verhaltens, der eigenen Taten. Ein bewährtes Mittel dazu ist die Rückschau, am besten am Ende eines Tages, die zunächst nur die Ereignisse ohne Wertung erinnern lässt. Damit kann es gelingen, dass ich mich mit meinem Tun bewusst verbinde. Im Schlaf können mir dann Erkenntnisse und Entschlüsse zunächst im Unbewussten entstehen, die dann beim Erwachen oder in den folgenden Tagen bewusst werden.

In allen sozialen Prozessen gilt es, einen wichtigen Grundsatz zu beherzigen: Ich kann mich selbst erziehen, ich kann soziale Prozesse gestalten, darf jedoch nicht direkt in die Entscheidungsfreiheit und erst recht nicht unmittelbar in die Persönlichkeitsentwicklung Anderer eingreifen!

In Gesprächen um die Konstituierung der Waldorfschule Gröbenzell schlug ein Mitglied aus der Elternschaft als „Paragrafen 1" für die Satzung vor: „Jeder erzieht sich selbst – keiner einen Anderen!". Die Begründung: Damit hat jeder so viel zu tun, dass er gar keine Zeit mehr dazu hat, Andere zu erziehen! Mit dieser Richtschnur (und weiteren Schritten, wie sie im Folgenden dargestellt werden) wurde eine gute Zusammenarbeit veranlagt, die bis heute andauert und die Schule zu einer qualifizierten „UNESCO-Projektschule" werden ließ.

Persönliche Entwicklung heißt Arbeit an sich selbst und in sich selbst, Arbeit, die viel schwieriger und unliebsamer sein kann, als viele Arbeit im sozialen Umkreis. Robert Lemke sagt daher treffend: *Das in sich Gehen ist die unbequemste Art der Fortbewegung.*

(1) Hans-Peter Bartels: Victory-Kapitalismus – Wie eine Ideologe uns entmündigt, Köln, 2005

(2) Franz Bischoff: Synarchie – Soziale Kunst, Anthroposophie, Heft III, 2003, Nr.225, merkurial-Publikationsges., Frankfurt

(3) Jörg Schindler: Die Rüpel-Republik, Warum sind wir so unsozial? Frankfurt, 2012

(4) Victor E. Frankl: Der Mensch vor der Frage nach dem Sinn, München, 1985/1997

(5) Coenraad van Houten: Erwachsenenbildung als Willenserweckung, Erwachsenenbildung als Schicksalspraxis, Stuttgart, 1993/1999

*Dort sind die Menschen frei in ihrem Geist*
*zu schaffen, was ihr Innerstes sie heißt,*
*dem selbstgegebenen Gesetz fügt jeder sich,*
*der Erde Güter teilt man brüderlich:*
*Man wirkt zusammen, hilft sich arbeitsteilig.*
*Jeder ist Künstler dort auf seine Art.*
*Das absichtslose Spiel ist ihnen heilig,*
*weil es des Menschen Freiheit offenbart.*

Michael Ende: Das Morgenland
im Gauklermärchen (8)

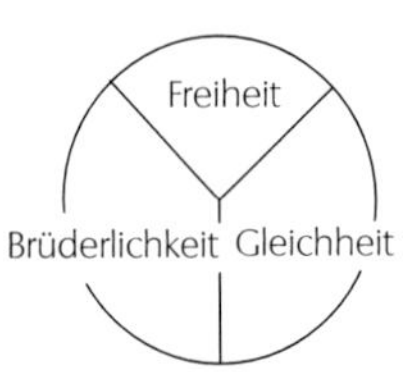


Ausgeglichen:
die drei Ideale
sind gleichwertig

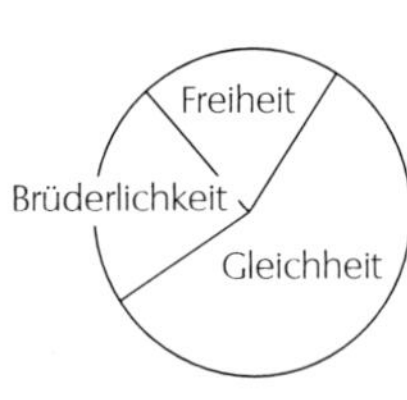


Unausgeglichen:
ein Ideal überwuchert
die anderen

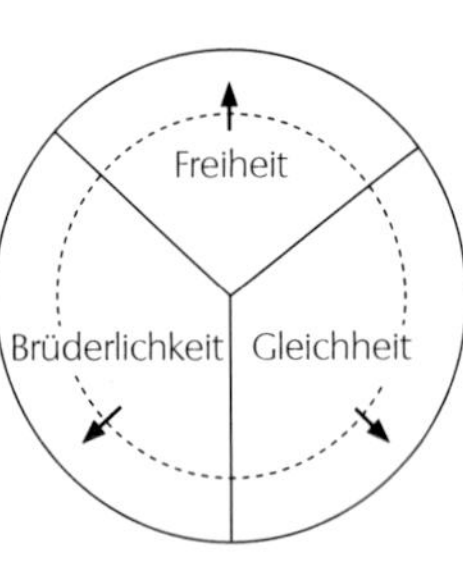


Organisches Wachstum:
die drei Ideale
wachsen gemeinsam

## Die „Drei“ erleben und verstehen

## 3. Freiheit – Gleichheit – Brüderlichkeit...

...stehen als Ideale über der Entwicklung der letzten zwei Jahrhunderte. Haben sie irgendeine Bedeutung für eine heutige Zusammenarbeit? Bevor diese Frage beantwortet werden kann, soll auf die inhärente Problematik dieser Triade hingewiesen werden.

Nimmt die Menschlichkeit eines Gemeinwesens tatsächlich zu mit der Verwirklichung dieser Ideale? Was passiert, wenn sich eine Initiative entschließt, wegen erlebter Ungleichheiten das Ideal der Gleichheit besonders zu pflegen? Man wird sich dabei vornehmen, an gleichen Themen zu arbeiten, gleiche Bücher zu lesen, mit gleichen Argumenten aufzutreten, gleiche Kleidung in der Öffentlichkeit zu tragen, den Leiter bedingungslos zu unterstützen...
Das Ergebnis: die Freiheit geht Schritt für Schritt verloren, ebenso das Ideal der Brüderlichkeit! Letzten Endes entsteht mit der übergreifenden Verwirklichung der „Gleichheit“ tatsächlich eine unmenschliche Gesellschaft! Das Gleiche gilt für Übersteigerung der Freiheit und der Brüderlichkeit.

Um darzustellen, dass eine menschliche Gemeinschaft alle drei Ideale in gleicher Intensität entwickeln muss, dass es darauf ankommt, ein Gleichgewicht dieser drei zu schaffen, sind sie hier in einen Kreis gestellt. Dieser zeigt, dass die Entwicklung eines Ideals auf Kosten eines anderen zu dessen Dezimierung führt: Eine sozial qualifizierte Entwicklung muss darauf abzielen, nicht nur eines dieser Ideale, sondern alle drei in gleichem Maße zu entfalten, also eine Balance aller drei zu schaffen.

Dieses prozesshafte Zusammenwirken wurde zu Zeiten der Französischen Revolution (1789) offensichtlich nicht verstanden, denn sie scheiterte an der unerbittlichen Dominanz des Ideals der Gleichheit und führte letztlich zur Hinrichtung Andersdenkender.

Die deutschen Humanisten, allen voran Schiller, Goethe und Humboldt beschäftigten diese sozialen Phänomene, sie suchten nach Erklärungen und Lösungen. Dabei entstanden epochebestimmende Werke:

››› *Über die ästhetische Erziehung des Menschen* von Friedrich Schiller (6)

››› *Das Märchen* von J. W. von Goethe, in dem er die Entstehung einer idealen Gesellschaft durch die dreifache Begabung des Menschen im Denken, Fühlen und Wollen darstellt (Kapitel 13 und 32, (7,9)).

Trotz aller tiefgründigen philosophischen Forschung blieb es bis zum Ende des ersten Weltkriegs rätselhaft, wie die drei Ideale real in der Gesellschaft verwirklicht werden können. Es war Rudolf Steiner, der – nachdem er als Herausgeber von Goethes naturwissenschaftlichen Werken dessen Geisteswelt tiefer verstehen lernte – den Schlüssel fand: Die drei Ideale brauchen drei ganz verschiedene Gesellschaftsformen und Organisationsprinzipien, um verwirklicht werden zu können. Er beschrieb dies als „Dreigliederung des sozialen Organismus", vertrat und lehrte diese in den Jahren 1917 bis 1923 (10). Als Fundament sah er die Gestaltung des Staates: Statt des damaligen Einheitsstaates, der hierarchisch das Leben weitgehend beherrschte, sollte der Staat auf Funktionen des Rechtslebens reduziert werden. Damit sollte ein Kulturleben in Freiheit und ein menschengemäßes Wirtschaften in assoziativ miteinander wirkenden Unternehmen ermöglicht werden (11).

Aus Initiativen aus dem Kreis um Rudolf Steiner entstanden u.a. die erste *Waldorfschule* (für die Kinder der Waldorf-Astoria Zigarettenfabrik in Stuttgart), der Heilmittel-Hersteller *Weleda* und ein Verbund einiger Unternehmen in Württemberg. Trotz vielfacher Resonanz in der Öffentlichkeit und Gesprächen mit Verantwortlichen fanden diese Intentionen keinen Eingang in das damalige politische Leben der Weimarer Republik. Erst nach dem zweiten Weltkrieg gründeten sich Initiativen, die die „soziale Dreigliederung" auf ihre Fahnen schrieben; vor allem fanden Elemente aus ihr 1949 Eingang in das Grundgesetz der Bundesrepublik Deutschland.

(6) Friedrich Schiller: Über die ästhetische Erziehung des Menschen in einer Reihe von Briefen (1795), Stuttgart, 2005

(7) J. W. von Goethe: Das Märchen, in: Unterhaltungen deutscher Ausgewanderter (1794)

(8) Michael Ende: Das Gauklermärchen, (1988), München, 2004

(9) K.-D. Bodack: Goethes „Märchen" und Michael Endes „Gauklermärchen" als Spiegel unserer Arbeitswelt , Juli/August 1997 NOVALIS, Schaffhausen (Schweiz), siehe Seite 109 ff

(10) Rudolf Steiner: Die Kernpunkte der sozialen Frage (1920), mit einem Nachwort von Otto Schily, Dornach (Schweiz), 1976

(11) Lex Bos: Was ist Dreigliederung des sozialen Organismus, Dornach (Schweiz), 1984

*Es dient ja alles Geschehene der Zukunft.*
*Alles ist Vorbereitung.*
*Alle Vergangenheit dient der Zukunft.*

Christian Morgenstern

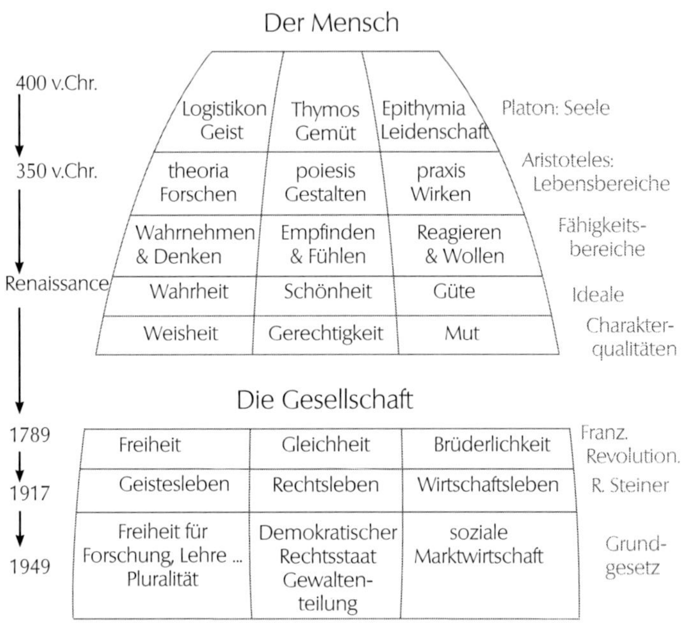


**Grundgesetz Art.7 (4):**

*Das Recht zur Errichtung privater Schulen wird gewährleistet...,*
*››› wenn die privaten Schulen in ihren Lehrzielen und Einrichtungen sowie in der wissenschaftlichen Ausbildung ihrer Lehrkräfte nicht hinter den öffentlichen Schulen zurückstehen und*
*››› eine Sonderung der Schüler nach den Besitzverhältnissen der Eltern nicht gefördert wird. Die Genehmigung ist zu versagen, wenn*
*››› die wirtschaftliche und rechtliche Stellung der Lehrkräfte nicht genügend gesichert ist.*

## 4. Herkunft -- Zukunft

Tatsächlich enstand der Keim zur *sozialen Dreigliederung* in der Frühzeit der europäischen Kulturgeschichte.
Bei Platon ist er zu finden in der Lehre von den drei Seelen(bereichen) des Menschen, die er
››› *Logistikon – Thymos – Epithymia* nennt, übersetzbar mit
››› *Geist – Gemüt – Leidenschaft*, in denen der Mensch die Tugenden
››› *Weisheit – Tapferkeit – Maßhaltung* entwickeln kann.
Wir verstehen Platons Lehre heute als die Seelenfähigkeitsbereiche
››› *Denken – Fühlen – Wollen.*
Aristoteles baute seine Lehre auf einer äquivalenten Trilogie auf, die er
››› *theoria – poiesis – praxis* nannte.

In der Renaissance erscheint die ursprünglich griechische Trilogie mit
››› den Idealen der *Wahrheit – Schönheit – Güte* und
››› den Charakterqualitäten *Weisheit – Gerechtigkeit – Mut.*
Interessant erscheint dabei die Mitte, in der das Ideal der *Schönheit* mit der Fähigkeit der *Gerechtigkeit* verbunden scheint. Damit wird das menschliche Gefühlsleben angesprochen: Im Bereich der Dingwelt vermag es *Schönheit* wahrzunehmen, im Bereich des Sozialen *Gerechtigkeit* zu erkennen.

Immanuel Kant (1724 – 1804) schuf wichtige Bausteine zur Verankerung dieser Trilogie in der Kulturgeschichte, indem er drei Grundwerke der Philosophie schuf: *Kritik der reinen Vernunft -- Kritik der Urteilskraft – Kritik der praktischen Vernunft.* Sie sollen die Lebenswelten des Denkens, Fühlens und Wollens philosophisch erschließen.

Die drei Ideale *Freiheit – Gleichheit – Brüderlichkeit* der französischen Revolution gehen vermutlich auf die esoterische Schule und Bruderschaft des Christian Rosenkreuz zurück und wurden vermutlich über eine französische Loge den politischen Akteuren vermittelt.

Rudolf Steiner, der sich dem Impuls der Rosenkreuzer besonders verbunden wusste, hat in vielen Wirkensfeldern die geisteswissenschaftlichen Grundlagen dieser Ideale für die aktuelle Menschheitsentwicklung dargelegt (11). Er identifizierte die *drei Könige* im *Märchen* Goethes, den goldenen, den silbernen und den ehernen, als die Träger, Vermittler und Lehrer für diese drei Lebenswirklichkeiten (12). Sie beginnen allerdings erst dann zu wirken, als der vierte, der aus den drei Metallen *gemischte König*, zusammensinkt und unwirksam wird. Im „Märchen" befähigen die drei Könige den *Jüngling*, so dass er mit der *schönen Lilie* (die als Bild für das *Höhere Selbst* verstanden werden kann) vermählt werden kann. Daraus entsteht dann ein Gemeinwesen, das über eine Brücke zur geistigen Welt verfügt und als eine ideale Gemeinschaft der darin lebenden Menschen beschrieben wird.

Im Grundgesetz der Bundesrepublik Deutschland fand die Dreigliederung vielfachen Niederschlag: sowohl in der Definition der Freiheitsrechte, im dreigegliederten Rechtsbereich als auch in der Beschreibung der sozialen Marktwirtschaft.

Ein prägnantes Beispiel ist der Artikel 7 des Grundgesetzes, in dem das Zusammenwirken dieser drei Sphären in Bezug auf die so genannten privaten Schulen überzeugend veranlagt wird (Seite 16).

Mit dem Prinzip der *Dreiteilung der Gewalten* wird das Rechtsleben dreigegliedert:

› Die Legislative als *gesetzgebende Gewalt* stellt die Kultussphäre dar,
› die Judikative, die *richterliche Gewalt*, bildet die Rechtssphäre,
› die Exekutive als Wirtschaftssphäre im Rechtsleben führt deren Entscheidungen aus.

Mit den Darstellungen zur *sozialen Marktwirtschaft* zielt das Grundgesetz darauf hin, das Ideal der *Brüderlichkeit* in der Wirtschaft zu veranlagen.

(12) Rudolf Steiner: Goethes geheime Offenbarung in seinem Märchen... Aufsätze und Vorträge aus den Jahren 1904 bis 1918, Dornach (Schweiz), 1982

*Was ich beobachtet habe, ist die Tatsache,*
*dass die Befriedigung von Bedürfnissen*
*nur zu einem vorübergehenden Glückszustand führt,*
*dem seinerseits eine weitere und (...) höhere Unzufriedenheit folgt.*
*Es scheint, als könne die menschliche Hoffnung auf ewiges Glück*
*nicht erfüllt werden.*

Abraham H. Maslow

## Die Bedürfnisstruktur des Menschen

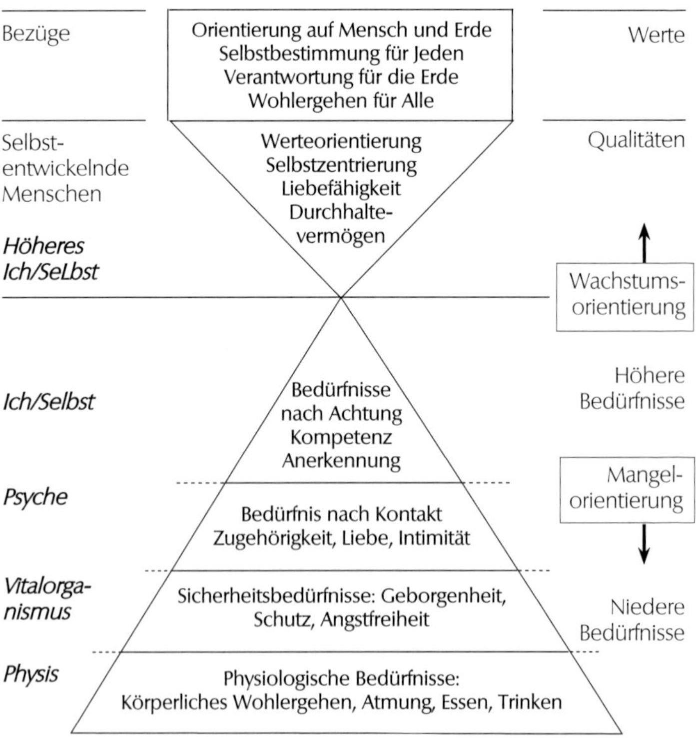

## 5. Die vier Ebenen des Seins

Abraham Maslow ist nicht nur der Vater der Bedürfnisforschung, sondern vor allem der Begründer der humanistischen Psychologie. Er hat sich Zeit seines Lebens immer wieder auch mit der Frage beschäftigt, wie der Mensch generell strukturiert ist (13).

Zunächst verdanken wir ihm die Erkenntnis der „Bedürfnispyramide": Sie ist charakterisiert durch vier Ebenen oder Schichten, die aufeinander aufbauen nach dem Grundsatz: Sobald die Bedürfnisse einer Ebene befriedigt sind, entwickeln sich Bedürfnisse der nächst höheren Ebene.

Die Struktur dieser Ebenen entspricht generell derjenigen, die von Rudolf Steiner in seinen grundlegenden Werken entwickelt wurden (14). Danach ist das Ich/Selbst des Menschen während seines irdischen Lebens beheimatet in drei „Hüllen": Dem „physischen Leib", dem „Lebensleib" und dem „Seelenleib". Zusammen mit dem „Ich/Selbst" ergeben sich die vier Ebenen, die den folgenden Betrachtungen zu Grunde gelegt werden sollen:

1. Die *Physis,* d.h. alle auf physischen Gegebenheiten des menschlichen Körpers beruhende Phänomene (die vor allem im Arbeitsgebiet der Ergonomie erfasst werden);
2. Der *Vitalorganismus*: Er umfasst alle Lebensfunktionen, die durch die in der Physis wirkende Prozesse gegeben sind, und die vor allem Wohlbefinden, Gesundheit und Krankheit konstituieren;
3. Die *Psyche,* gekennzeichnet durch immaterielle Phänomene und Prozesse der Wahrnehmung und Erkenntnisgewinnung, der Affekte und Emotionen, der Reaktionen und der Motivation;
4. Das *Ich,* besser: *Selbst,* mit Selbstbewusstsein und Selbstbestimmung, das ergänzt werden muss durch das *Höhere Ich/Selbst,* das die Zielfindung, Lebensbestimmung und die Selbstentwicklung veranlagt.

Diese vier Ebenen lassen sich in früheren und anderen Kulturen in Bildgestaltungen auffinden, so zum Beispiel in den *vier Elementen*:

1. Erde (aus der die physischen Stoffe des Menschen stammen),
2. Wasser (das Element des Lebens, weil es alle Lebensfunktionen bestimmt),
3. Luft (gestaltendes Element der Seelenfunktionen),
4. Feuer (Sinnbild für die Begeisterung, die im Ich/Selbst erwachen kann).

Im Märchen der Gebrüder Grimm *Die Bremer Stadtmusikanten* werden die vier Ebenen durch vier Tiergestalten dargestellt (15):

1. Der Esel, der viele Jahre die Säcke zur Mühle schleppt,
2. der Hund mit dem Namen „Packan“ mit der Tätigkeit zu jagen,
3. die Katze „Bartputzer“, die es liebt, hinter dem Ofen zu liegen statt Mäuse zu jagen,
4. der Hahn „Rotkopf“, der schreit, weil er nicht in die Suppe will.

Im Märchen wird beschrieben, wie durch das richtige Zusammenwirken dieser Vier Erstaunliches entsteht: Sie sehen, als sie sich im Wald verirrt haben, ein Licht, nachdem der Hahn nach oben in eine Baumspitze geflogen ist. Später besiegen sie die Räuber, die das Haus besetzt haben - offensichtlich ein Sinnbild für das Verfallensein des Körpers an eine Sucht - indem sie gemeinsam agieren: Sie stellen sich in der rechten Ordnung aufeinander und schreien, bellen, krähen jeder nach seiner Art!

Auch hier ist der Hahn - das Ich - zuoberst, die Katze - die Seele - trägt ihn, diese baut auf dem Hund - dem Viralorganismus - auf.
Das *Höhere Ich/Selbst* findet man in Märchen oft als *Königssohn* oder *Königstochter*, und zwar dort, wo eine Vermählung beschrieben ist (15). Damit wird anschaulich dargestellt, auf welchen Weisen, das Höhere Ich/Selbst gefunden werden kann – so z.B. in den Märchen *Spindel, Weberschiffchen und Nadel, Aschenputtel, Die wahre Braut* und *Der Eisenhans* (alle aus der Sammlung der Gebrüder Grimm, siehe Seite 48 ff).

(13) Abraham H. Maslow: Motivation und Persönlichkeit (1954), Hamburg, 1991

(14) Rudolf Steiner: Theosophie, Einführung in übersinnliche Welterkenntnis... (1904/1922), Dornach (Schweiz) 1995

(15) Kinder- und Hausmärchen, gesammelt durch die Brüder Grimm, München, 1966

*Die menschliche Erkenntnis ist kein außer den Dingen sich abspielender,*
*aus bloßer Willkür entsprungener Prozeß, sondern,*
*was da in unserem Geist als Naturgesetz auftritt,*
*was sich da in unserer Seele auslebt,*
*das ist der Herzschlag des Universums.*

Rudolf Steiner

## Die Seele
## *Die Psyche*

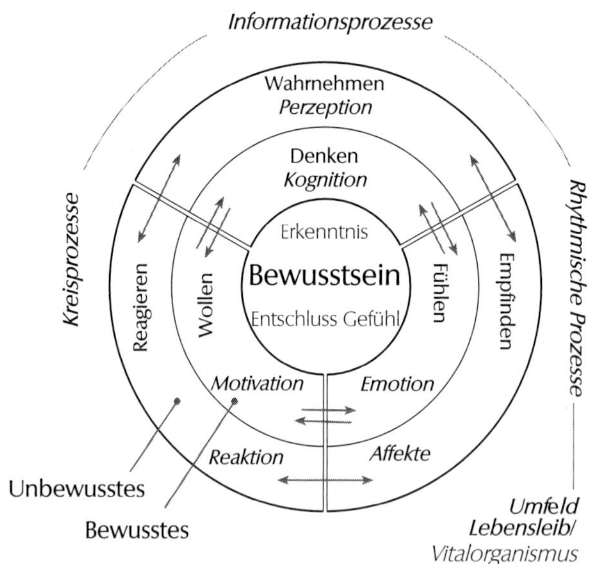

## 6. Die Grundstruktur der Seele

Die *Seele* hat im allgemeinen Verständnis bewusste und unbewusste Bereiche. Bewusstes ist dem Ich zugänglich, unbewusst sind die Bereiche, die dem Ich aktuell nicht zugänglich sind.

Sucht man eine triadische Struktur der Seelenfunktion im Unbewussten, so kann sie beschrieben werden mit den drei Aktivitätsfeldern:
››› Wahrnehmen – Empfinden – Reagieren.
Sie entsprechen den drei grundlegenden Arbeitsfeldern der Psychologie
››› *Perzeption – Affekte – Reaktion.*

Eine Triade der bewussten Seelenfunktionen kann in klassischer Weise gefunden werden in den Aktivitäten des
››› Denkens – Fühlens --Wollens,
mit den Arbeitsfeldern der Psychologie
››› *Kognition – Emotion – Motivation.*
Als Ergebnisse aus Aktivitäten in diesen drei Feldern gewinnt der Mensch
››› Erkenntnisse -- Gefühle – Entschlüsse.

Diese *Trilogie* tritt in der akademischen Lehre der Psychologie meist nicht explizit in Erscheinung, ist jedoch in den Aktivitäten, sowohl der Forschung wie auch der Praxis, vielfältig gegenwärtig (16).

Eine der Voraussetzungen für seelische Gesundheit ist zweifellos die Entwicklung und das Leben in allen diesen drei Dimensionen. Dementsprechend sind sowohl Erziehung und Bildung wie auch viele Therapien darauf ausgerichtet, alle drei Bereiche ausgewogen zu entwickeln und ggf. Defizite in einem der Bereiche auszugleichen.

Um diese drei Seelenfähigkeitsbereiche mit ihren spezifischen Qualitäten zu entwickeln, seien hier drei Übungsfelder vorgeschlagen:

1. Zur Entwicklung der Fähigkeit des Denkens hat Rudolf Steiner Übungen vorgeschlagen, bei denen man sich darauf konzentriert, die Entstehung oder den zukünftigen Werdegang eines einfachen alltäglichen Objekts denkend vorzustellen (17). Diese Übung gelingt zunächst nur für wenige Minuten, nach regelmäßiger Wiederholung schafft man es, immer länger im Denken gezielt willentlich zu arbeiten, ohne abzuschweifen. Danach kann geübt werden, das Denken in seinem Verlauf selbst zu beobachten. In einem weiteren Schritt kann man darauf aufbauend zu meditativem Denken und Vorstellen kommen, das unmittelbar mit dem logisch-konsequenten Denken verbunden ist.

2. Die Gefühlssphäre der Seele lässt sich entwickeln, indem man immer wieder versucht, sich einige Minuten lang nur Gefühle bewusst zu machen und auszuhalten, ohne die Seelenaktivität in das Denken oder das Wollen geraten zu lassen.

3. Für das gezielte Üben des Willens schlägt Rudolf Steiner vor, Handlungen auszuführen, die nicht durch äußere Anlässe bestimmt sind, also z.B. zu einer selbst bestimmten Zeit einen Gegenstand umzuräumen.

Da man gewohnheitsmäßig in drei Seelendimensionen gleichzeitig aktiv ist, fällt es zunächst schwer, im Tagesverlauf die drei Dimensionen zu erkennen, zu erleben und gemäß ihren inhärenten Gesetzmäßigkeiten zu gestalten. Die genannten Übungen können helfen, diese drei Seelengebiete differenziert zu erleben und zu aktivieren.

Daraus können dann besondere Fähigkeiten für die Gestaltung sozialer Prozesse gewonnen werden. So kann man z.B. gute und effiziente Gespräche gestalten, indem die Gesprächsabschnitte die drei seelischen Bereiche nacheinander und nicht durchmischt aktivieren:
1. Was war, was ist, was haben die Teilnehmer wahrgenommen?
2. Wie empfindet jeder das Geschehen, wie steht er dazu?
3. Wozu entschließen wir uns, was wollen wir tun?

(16) Joseph Le Doux: Das Netz der Persönlichkeit, Düsseldorf/Zürich, 2003

(17) Rudolf Steiner: Die praktische Ausbildung des Denkens, drei Vorträge (1909), mit einem Vorwort von Walter Kugler, Stuttgart, 1988

*Das eigene Selbst ist gut versteckt;*
*von allen Goldminen ist die eigene die letzte,*
*die man ausgräbt.*

Friedrich Nietzsche

## Das Ich / Das Selbst
### Die Persönlichkeit

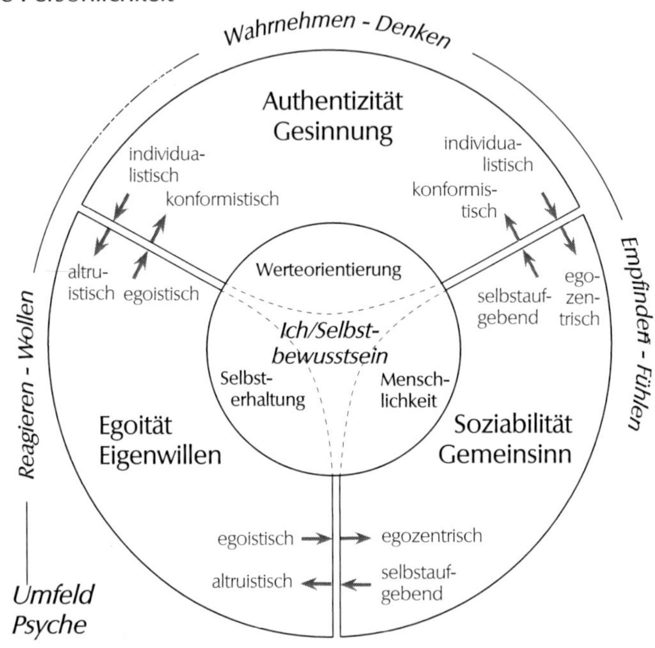


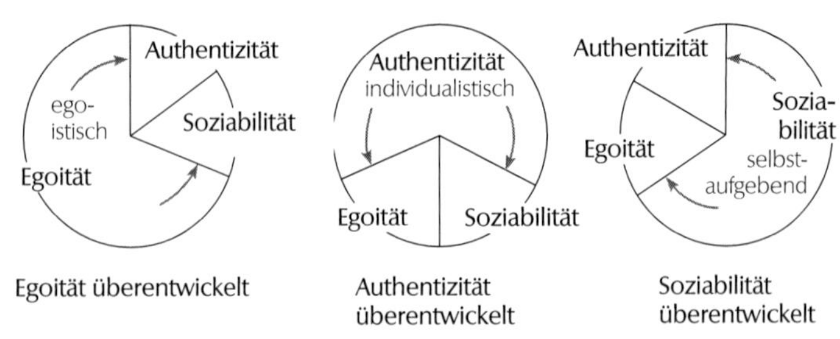


Egoität überentwickelt

Authentizität überentwickelt

Soziabilität überentwickelt

## 7. Ich und Selbst

Wenn die seelische Struktur als triadisch verstanden werden kann, liegt es nahe, auch die Struktur des *Ich* oder *Selbst* dreigegliedert zu definieren:
Dies soll hier zunächst als Hypothese eingeführt werden (18).

Im Folgenden soll als *Ich* und *Selbst* die nächst höhere Schicht des Menschen verstanden werden, die ihn mit der geistigen Welt verbindet. Dabei soll hier das *Ich* als der bewusste Bereich, das *Selbst* als das umfassende Ganze mit bewussten und unbewussten Bereichen verstanden werden.

Die drei *Dimensionen* des Selbst lassen sich auffinden, indem sie als auf der Seelenstruktur aufbauend definiert werden:
1.
*Authentizität* umfasst Gesinnung, Überzeugungen und Werthaltungen, die aus den Seelentätigkeiten des Wahrnehmens und Denkens hervorgehen. Sie kann stärker oder schwächer ausgeprägt sein und damit das Spannungsfeld bilden:
individualistisch, überheblich, geltungssüchtig ‹‹‹ ››› konformistisch, gesinnungslos, unterwürfig.
2.
*Soziabilität* (ein Begriff von Alfred Adler) wird mit Gemeinsinn und Gemeingefühl primär aus dem Gefühlsleben entwickelt und bildet die Polarität:
egozentrisch, selbstzentriert, herrschsüchtig ‹‹‹ ››› selbstaufgebend, sich opfernd.
3.
*Egoität*, Eigenwillen, die/der aus der Willensdimension erwächst und das Spannungsfeld schafft:
Egoistisch, geizig, habsüchtig ‹‹‹ ››› altruistisch, selbstlos.

Jeder Mensch hat diese drei Dimensionen individuell entwickelt. Sie bedingen sich gegenseitig: Ist eine der Dimensionen übermäßig ausgeprägt, so ist eine andere oder sind die beiden anderen entsprechend dezimiert. Dies kann man sowohl durch Selbstbeobachtung wie auch im Erleben anderer Menschen immer wieder bestätigt finden.

Erich Fromm hat in Bezug auf die *Egoität* dargestellt, dass die einseitige Ausrichtung des Selbst auf das *Haben*, der Fall in die *Habsucht*, das *Sein* dezimiert (19), also die Entwicklung der *Authentizität* behindert.
Eine übermäßige soziale Orientierung, die sich darin äußert, sich stets für soziale Aufgaben zu opfern, ist weniger häufig zu erleben. Victor Frankl hat dafür den Begriff der *Selbstaufgabe* geprägt (20). Viel häufiger ist hier ein Defizit feststellbar, das sich in *Egozentrik* und *Machtstreben* manifestiert und schließlich in *Macht- und Herrschsucht* münden kann.
Ist die *Authentizität* übermäßig entwickelt, kann sie ebenfalls zur Sucht werden: Aus übertrieben individualistischem Streben entsteht Überheblichkeit und *Geltungssucht*.

Es lässt sich aus solchen Beobachtungen schlussfolgern, dass zu einer gesunden Fundierung aller drei Dimensionen des Selbst eine ausgeglichene, relativ gleichwertige Ausprägung aller drei Seelendimensionen notwendig erscheint. Sie sind -- bildlich gesprochen – die drei Säulen, auf denen das Selbst aufbaut.

Dementsprechend kann Selbstentwicklung und Biografiegestaltung verstanden werden als eine ausgewogene Entwicklung aller drei Seelenfähigkeiten und darauf aufbauend eine harmonische Gestaltung aller drei Dimensionen des Selbst.

Ein Gleichnis Platons möge dies veranschaulichen: Die dreigegliederte Seele wirkt wie ein Gespann aus einem von drei Pferden gezogenen Wagen; der Wagenlenker (das Ich/Selbst) muss die Pferde (die Seelenfähigkeiten) so führen, dass keines zu stark und keines zu schwach zieht.

(18) K.-D. Bodack: Selbstverwirklichung als Schlüssel zur Wirtschaft – Zukunftsgestaltung unserer Gesellschaft auf der Basis zunehmender Individualisierung, NOVALIS 5/6, 2003, Schaffhausen, Schweiz

(19) Erich Fromm: Haben oder Sein, Frankfurt, 1979

(20) Victor E. Frankl: Der Mensch vor der Frage nach dem Sinn, München, 1985

*Leben in der Liebe zum Handeln*
*und Lebenlassen im Verständnis fremden Wollens*
*ist die Grundmaxime der freien Menschen*
Rudolf Steiner (23)

## Die fünf Ebenen des Menschen

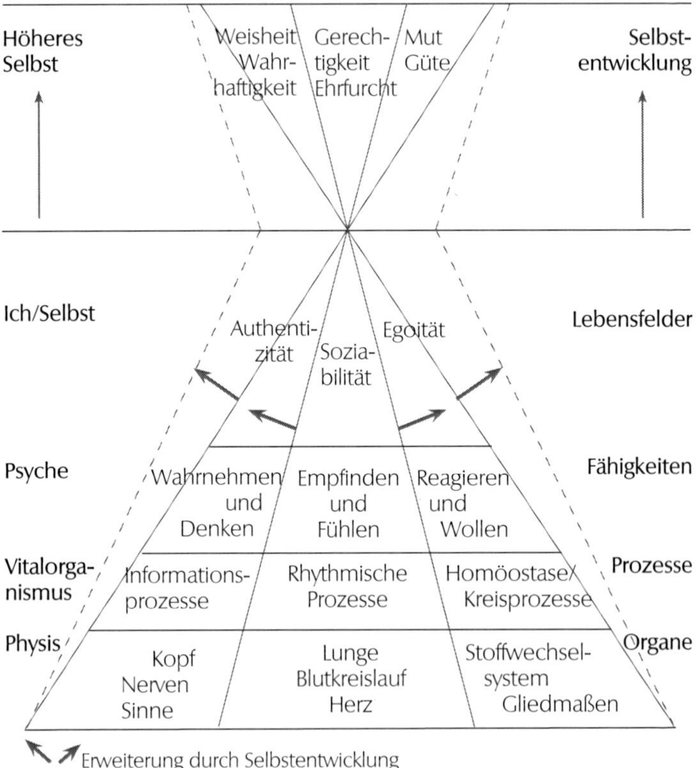


Erweiterung durch Selbstentwicklung

# 8. Das „Höhere Selbst"

Die Bedürfnispyramide Abraham Maslows ist charakterisiert durch vier Ebenen oder Schichten, die aufeinander aufbauen: Sobald die Bedürfnisse einer Ebene befriedigt sind, entwickeln sich die der nächsthöheren Ebene. Diese Gesetzmäßigkeit gilt jedoch nicht - so Maslow - für sich *selbstentwickelnde Menschen* (aktuell *Cultural-Creatives* genannt), bei denen eine weitere Ebene entwickelt ist, die der *Wachstumsorientierung* (21). Diese Menschen agieren primär aus höheren Bedürfnissen, ignorieren niedere Bedürfnisse, indem sie Entbehrungen in Kauf nehmen, und leisten damit Schritte zu ihrer Selbstentwicklung.

Dabei kann man in der Selbstwahrnehmung eine weitere Ebene erfahren und sie auch bei anderen erkennen: das *Höhere Selbst*. Es leitet den Menschen, schenkt ihm Impulse und integriert Funktionen und Aktivitäten der vier Ebenen. Letzten Endes lässt es den Menschen im Laufe seines Lebens Schritt für Schritt seine individuelle Bestimmung, seinen persönlichen „Sinn des Lebens" erkennen.

Den fünf Ebenen der Bedürfnisse entsprechen fünf Ebenen, die den Menschen konstituieren:

1. Physische Organe,
2. Lebensprozesse,
3. Psyche – Seele, psychische Fähigkeiten,
4. Ich/Selbst: individuelle Lebensfelder, Charakter,
5. Höheres (Ich) Selbst, das die Selbstentwicklung intendiert.

Jede dieser Ebenen wird gebildet aus drei Systemen, aus drei Gliedern, die sich auf allen Ebenen entsprechen (22):

1. Kopf/Nerven/Sinnesorgane – Lunge/Herz/Blutkreislaufsystem – Stoffwechsel/Gliedmaßensystem;
2. Informationsprozesse – rhythmische Prozesse – Kreisprozesse;
3. Wahrnehmen/Denken – Empfinden/Fühlen – Reagieren/Wollen;
4. Authentizität -- Soziabilität -- Egoität.

Dem *Höheren Selbst* können dann im Prozess der Selbstentwicklung die folgenden Ziele und Persönlichkeitsqualitäten zugeordnet werden:
*Weisheit & Wahrhaftigkeit -- Gerechtigkeit & Ehrfurcht -- Mut & Güte.*

Das *Höhere Selbst* ist die Quelle der persönlichen *Motive*, es schenkt dem Menschen seine *Motivationen*. Der Grundtenor dieser Persönlichkeitsschicht ist die – allerdings oft unbewusste – Sehnsucht nach persönlicher Entwicklung, nach *Wachstum* in Richtung der eigenen Lebensbestimmung. Aus ihr heraus kann der Mensch selbstbestimmt handeln und ist nicht auf gesetzte Moralgesetze angewiesen (23). Kann solches Handeln im sozialen Umfeld ermöglicht oder sogar gefördert werden, entstehen eigenmotiviertes Engagement und besondere Leistungsfähigkeit.

Es ist das Höhere Selbst, das sich mit den gesellschaftlichen Idealen
*Freiheit – Gleichheit – Brüderlichkeit*
verbindet. Es bedarf dieser Ideale im sozialen Umfeld, weil mit ihnen die Voraussetzungen für ein sinnvolles und menschenwürdiges Dasein geschaffen werden können. Dementsprechend können diese drei Ideale motivierend auf alle persönlichen Aktivitäten wirken und im sozialen Kontex selbstmotivierende Kräfte in den Mitwirkenden wecken.

Erst wenn es gelingt, im sozialen Zusammenwirken die Ebene des Höheren Selbst zu aktivieren, erwächst Eigenmotivation, entsteht selbstbestimmtes Handeln: Dann erleben die Beteiligten in der Zusammenarbeit Impulse für ihre Selbstentwicklung und schätzen die Anderen als Förderer der eigenen Persönlichkeitsentwicklung.

Damit können Geltungssucht, Egoismus und Egozentrik vermieden oder in Grenzen gehalten werden: *Das Höhere Selbst* ist der Schlüssel zur *Synarchie*, zum sinnvollen und Sinn-spendenden Zusammenwirken aus individuellen Intentionen.

(21) Abraham H. Maslow: Motivation und Persönlichkeit (1954), Hamburg 1991

(22) Johannes W. Rohen.: Morphologie des menschlichen Organismus, Stuttgart, 2003

(23) Rudolf Steiner: Die Philosophie der Freiheit (1894/1918), Dornach, Schweiz, 1996

*Betrachtet man den Organismus
als Ganzes, so fällt auf, dass im Grunde
nur drei elementare Funktionsprozesse vorhanden sind,
die sich in jeder Ebene, d.h. nicht nur im Bereich der Zellen,
sondern auch der Organe und Organsysteme...
wieder finden lassen.*

Johannes W. Rohen (22)

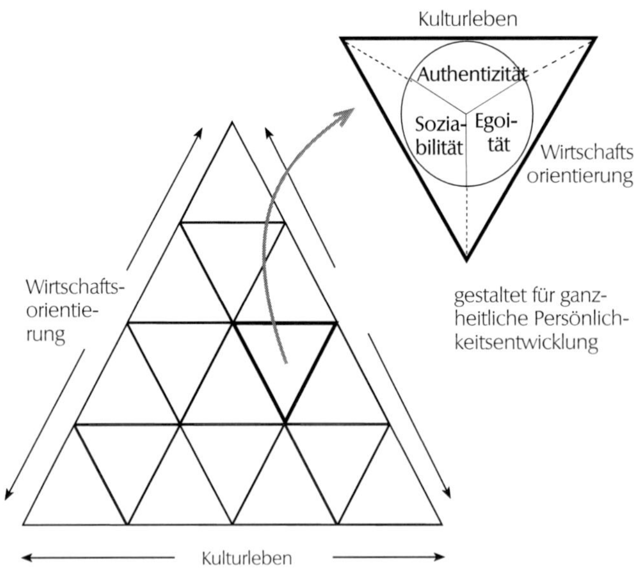

## 9. Der Mensch ist ganzheitlich und holistisch

Ken Wilber hat überzeugend dargestellt, wie die Systeme der Natur hierarchisch miteinander verbunden sind (24): Jedes beobachtbare *Ganze* ist Träger unzählbarer Untersysteme und ist zugleich Bestandteil höherer Systeme. Er übernahm dafür den Begriff des *Holons* von Arthur Köstler. Ein „Holon" bezeichnet eine Struktur der geistigen Welt mit besonderen Gesetzmäßigkei-ten und Beziehungsqualitäten:

□ Es möchte seine Ganzheit im systemischen Kontext bewahren,
□ Es möchte Teil sein eines systemischen Gesamtsystems,
□ Es verbindet sich mit anderen zu höherer Einheit,
□ Es hat die Tendenz zur Gliederung in gleich-gesetzliche Elemente.

Muss die *Dreigliederung* im Sozialen mit dieser Qualität des Holistischen gestaltet werden?
Die *soziale Dreigliederung* zeigt sich im Rahmen des Staates zunächst als jeweils speziell ausgebildete Sektoren des Kulturlebens, des Rechtssystems und der Wirtschaft (25). Muss jeder dieser drei Sektoren in sich eine Dreigliederung erhalten?
› Theater, Universitäten, Schulen bilde ganz natürlich primär Kulturereignisse, haben jedoch mit Verträgen, Sicherheitsbestimmungen und dgl. auch einen Rechtsbereich und benötigen mit Ressourcen, Material- und Geldflüssen selbstverständlich auch einen Wirtschaftssektor.
›› Jeder Rechtsstaat hat mit der *Legislative* (der gesetzgebenden Gewalt) eine spezielle Art des Kulturlebens, in dem Gesetze entwickelt und beschlossen werden, mit der *Judikative* (der rechtssprechenden Gewalt) eine zentrale Rechtssphäre und mit der *Exekutive* (der ausführenden Gewalt) eine Wirtschaftssphäre, die nach Kosten-/Nutzen-Kriterien arbeitet..
››› Wirtschaftsunternehmen haben mit Forschung, Entwicklung, Planung, in denen es auf Innovationen ankommt, eine *Kultursphäre,* mit Verträgen und der Durchführung von Gesetzen und Bestimmungen eine *Rechtssphäre* und mit Markt- und Kunden-orientierten Produktion oder Dienstleistungen ihre eigentliche *Wirtschaftssphäre.*

Wenn die drei Ideale „Freiheit - Gleichheit - Solidarität" jedem Mensch zugute kommen sollen, muss die Dreigliederung für jeden Arbeitsplatz, für jede Stelle, an der ein Mensch lebt, verwirklicht werden. Denn: Das Fehlen oder die unzureichende Gestaltung einer dieser drei Sphären führt zu Defiziten, die Unmenschlichkeit im sozialen Feld verursachen. Die Leistungsfähigkeit der Menschen in einem sozialen System hängt daher maßgeblich davon ab, wie gut alle drei Glieder gestaltet sind (26).

Ein Blick in die Physiologie mag diese Gesetzmäßigkeit veranschaulichen: Die drei Makro-Organsysteme des Menschen (Kopf-Nerven-Sinnesorgane, Lunge-Herz-Blutkreislaufsystem, Stoffwechsel-Gliedmaßensystem) bestehen aus vielstufigen Subsystemen, die alle wiederum inhärent diese drei Organsysteme haben (22). Untersucht man irgendein Organ, eine beliebige Zelle -- sei es im Kopf, im Blutkreislauf oder in einem Muskel --, so findet man in ihr Nerven, Blutversorgung und Stoffwechsel. Versagt eines der Systeme, stirbt die Zelle bzw. das betreffende Organ: Es gibt kein lebendiges Organ ohne diese physiologische *Trilogie*!

Der Mensch ist physiologisch, in seiner Psyche und im Ich/Selbst auf eine triadische Ganzheit hin veranlagt. Daraus sei die Hypothese abgeleitet: Die Gestaltung des sozialen Umfelds entspricht dann der Konstitution des Menschen, wenn sie durchgängig, vom Makro-System des Staates bis zum mikro-sozialen Umfeld seines Arbeitsplatzes *dreigliedrig* gestaltet ist. Denn: die Forderung nach „Menschlichkeit" bedeutet ja offensichtlich, dass das gesellschaftliche Umfeld der allgemeinen Konstitution des Menschen entsprechen soll! Die Dreigliederung muss „holistisch" verstanden werden und in allen Stufen gesellschaftlicher Einrichtungen, vom Staatswesen bis hinunter zum Arbeitsplatz realisiert werden!

Denn die drei Ideale *Freiheit -- Gleichheit -- Brüderlichkeit* definieren offensichtlich drei grundsätzliche Ideale und Qualitäten, die den drei Dimensionen sowohl in der physischen, der physiologischen, der seelischen und der geistigen Konstitution des Menschen entsprechen!

(24) Ken Wilber: Das Wahre, Schöne, Gute
Geist und Kultur im 3. Jahrtausend, (1997), Frankfurt 2000

(25) Jacques Attali: Brüderlichkeit: Eine notwendige Utopie im Zeitalter der Globalisierung, Stuttgart, 2003

(26) Christof Lindenau: Soziale Dreigliederung:
Der Weg zu einer lernenden Gesellschaft, Stuttgart, 1983

*Aller guten Dinge sind drei!*
Sprichwort

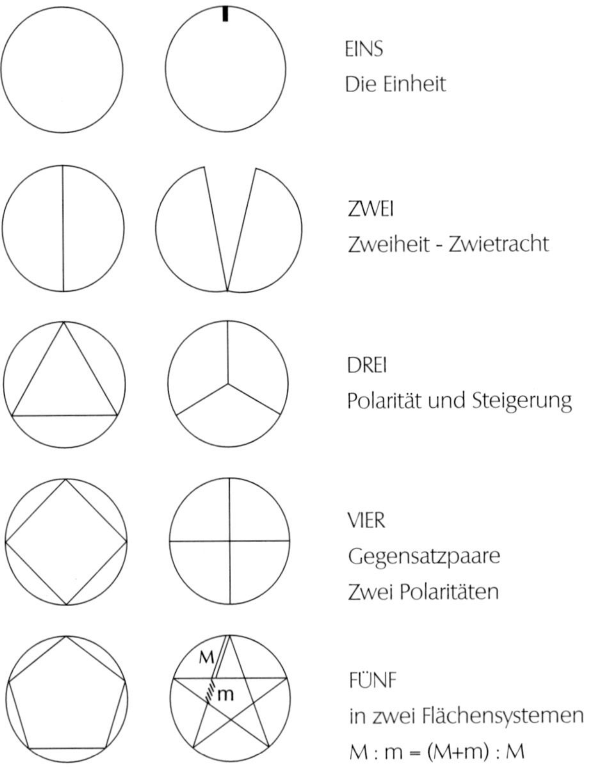


Fibonacci-Zahlenreihe 1 - 2 - 3 - 5 - 8 - 13 - 21 - 34 - 55 - 89 ...

## 10. Eins - Zwei - Drei als Qualitäten

In den vorangehenden Kapiteln spielt die *Dreigliederung* eine besondere Rolle: warum gerade *DREI-Gliederung*?
Da Strukturen maßgeblich die Leistungsfähigkeit jeder Zusammenarbeit bestimmen, erscheint es sinnfällig, die Qualitäten verschiedener Strukturen auf der Basis der Qualitäten der Zahlen zu diskutieren (27).

Mit dem Schritt von der „EINheit" zur „ZWEIheit" beginnt die qualitative Erschließung der Welt der Zahlen. Die Sprache weist darauf hin, dass die ZWEI *zwiespältig* wirkt:
› Einerseits entsteht etwas Neues: Gott beginnt die Schöpfung, indem er Licht und Finsternis trennt; die Samen der vier- und fünfblättrigen Pflanzen keimen, indem sie sich spalten und zwei Keimblätter hervorbringen. Die ZWEI ist die Zahl des In-Erscheinung-Tretens, des Entstehens, der Kreativität.
›› Andererseits besagt der Sprachgebrauch, dass die ZWEI mit *Entzweiung, Zwiespalt und Zwietracht* auch Ursache für Konflikte und Auseinandersetzungen ist. Entweder-Oder, Richtig-Falsch, Gut-Böse führen letzten Endes zum Freund-Feind-Denken, zu Konfrontationen und Spaltungen!

Die DREI, Summe von EINS und ZWEI, zeigt andere Qualitäten. Drei Punkte können ein Dreieck bilden, damit entsteht eine Fläche. Die DREI kann das Prinzip der *Polarität und Steigerung* abbilden: Zwei Kräfte können so zusammenwirken, dass ein Drittes, Höheres entsteht – so im Wachstum der Pflanzen, wenn aus dem polaren Wachstumsprozess der abwechselnden Stengel- und Blattbildung schließlich die Blüte entsteht. Die Griechen erlebten in der Spitze des gleichseitigen Dreiecks das Wirken des Demiurgos: Der Weltenbaumeister schaut auf sein Werk!
Die DREI verkörpert das Prinzip, das die Einheit und die Zweiheit verbindet, ja integriert. Hier ist die ZWEI gebunden an die EINS, zwei ganz konträre Gesetzmäßigkeiten wirken zusammen und schaffen damit eine neue Sphäre.

DREI Dimensionen veranlagen unser Raumerleben; auch die Zeit konstituiert sich DREI-gestaltet aus Vergangenheit, Gegenwart und Zukunft.

In der Pflanzenwelt repräsentieren vor allem die Lilien das Wesen der DREI: sie sind in vielen Überlieferungen Sinnbilder für Schönheit, für eine höhere Welt; in Goethes *Märchen* steht die Lilie für das *Höhere Selbst* des Menschen.
Die DREI und das Dreieck bilden zusammen mit dem „rechten Winkel“ entwicklungsgeschichtlich die Basis des Raumverständnisses und des geometrischen Denkens schlechthin: Ptolemäus, Pythagoras, Euklid und andere erkannten und entwickelten ein Bewusstsein darüber und die Fähigkeit, analytisch zu denken.

Der Schritt in die Welt der VIER erschließt eine weitere Dimension, die im Quadrat und im Kreuz erlebt werden kann. Sie bildet zwei Gegensatzpaare; es werden die vier Naturreiche, die *vier Elemente* erkannt, die vier Temperamente... C.G. Jung und Ken Wilber bauen ihre Philosophie und Psychologie auf dieser Welt der „Quaternität“ auf, also auf doppelten Polaritäten (Seiten 104f).

Mit der FÜNF entsteht wiederum eine neue Sphäre, erlebbar im Fünfeck (Pentagon) und im Fünfstern (Pentagramm) (28). Es entstehen zwei Linien- und Flächensysteme, in denen die Längen aller Linien über die Proportion des *Goldenen Schnittes* verbunden sind: Die jeweils kürzere Strecke verhält sich zur nächsten längeren wie diese zur Summe der beiden Strecken.
Diese Gesetzmäßigkeit schafft eine besondere Dynamik, die sich zum Beispiel in der Zahlenreihe Fibonaccis zeigt. Sie reicht in die Unendlichkeit und offenbart in ihrer Dynamik ein Bildeprinzip des Lebens. Die Rosengewächse, zu denen alle fruchttragenden Pflanzen und Bäume gehören, machen diese besondere Welt der *Fünf* erlebbar: Sie bilden Blattwerk, Blüten und Früchte stets in Gestalt des Pentagramms!

(27) Ernst Bindel: Die geistigen Grundlagen der Zahlen - Die Zahl im Spiegel der Kulturen – Elemente einer spirituellen Geometrie und Arithmetik, Stuttgart, (1958), 1998

(28) Walther Bühler: Das Pentagramm und der Goldene Schnitt als Schöpfungsprinzip, Stuttgart, 1996

*Es gibt keine Offenbarung, ohne dass hinter ihr das Göttliche waltet.*
*Daher ist hinter jeder Zweiheit noch eine Einheit verborgen.*
*Die Zahl Drei ist deshalb nichts anderes als die Zwei und die Eins,*
*nämlich die Offenbarung und die hinter ihr stehende Göttlichkeit.*
*Eins ist die Zahl der Einheit Gottes,*
*Drei die Zahl der sich offenbarenden Göttlichkeit.*

Rudolf Steiner

*Allen Wesen und Dingen dieser Welt, seien sie belebt,*
*unbelebt, durchseelt oder geistig, denen der Mensch*
*in innerer und äußerer Erfahrung begegnen kann,*
*kommt als Prädikat „es ist" zu.*
*Sie haben ein Sein.*
*Aber es gibt kein Sein*
*für den menschlichen Erfahrungsbereich,*
*das nicht der Veränderung, der Entwicklung,*
*dem Fortschritt oder dem Vergehen unterworfen wäre.*
*Alles Sein wird durch das Werden in Fluss gebracht.*
*Wie immer auch irgendein Seiendes, das im Strome des Werdens*
*dahinfließt, beschaffen sein mag: es strahlt mehr oder weniger deutlich*
*den ihm eingeborenen Sinn, seine Ur-Idee, sein innerstes Wesen aus.*
*Alles Sein und Werden hat Offenbarungscharakter.*
*Letzten Endes ist alles Seiende und Werdende ein Ausdruck*
*geistiger Wesenhaftigkeit,die im Menschen zur Erscheinung kommen will.*
*Das Seiende schafft sich im Werden seine Wesensoffenbarung.*
*Was sich in diesen drei Grund-Tatsachen von Sein, Werden und*
*Wesensoffenbarung auslebt, ist der innerste Herzschlag der Welt.*
*Und darum ist es berechtigt in der Dreiheit dieser Ur-Phänomene*
*einen Abglanz dessen zu sehen, was im christlichen Sprachgebrauch*
*als die Welt des göttlichen Vaters, des Sohnes und des Heiligen Geistes*
*bezeichnet wird. Sein, Werden und Wesensoffenbarung*
*sind Manifestationen. Spiegelungen und Offenbarungen*
*der göttlichen Dreifaltigkeit von Vater, Sohn und Geist.*
*Das Sein weist auf den Vater,*
*das Werden auf den Sohn,*
*die Wesensoffenbarung auf den Geist.*

Alfred Schütze: Vom Wesen der Trinität (29)

# 11. Die Trinität der göttlichen Welt

In vielen Religionen finden sich *Drei-Gestaltungen* als wesentliche Gesetzmäßigkeiten und Gliederungen der göttlichen Welt.

In der altindischen Kultur gab es drei Kultfeuer, drei Priester zelebrieren die drei Sphären des Kultus, drei Welten bestimmen das Sein: Bhur, die irdische Finsternis, Bhuvar das Zwischenreich der Atmosphäre und Swar, das himmlische Licht. Die Upanischaden fordern eine dreifache Moral in Gedanken, Worten und Taten. Das Allgemein-Göttliche wird gegliedert in Brahma, das immaterielle Sein, Vischnu, das Lebenserhaltene und Schiva, das Erzeugende und Zerstörende.

In der altägyptischen Kultur, die das Urprinzip der Dreiheit in der Gestalt der Pyramiden erlebbar macht, bestimmt die göttliche Familie mit Isis und Osiris und dem Horusknaben das religiöse Leben.

In der antiken griechischen Kulturwelt hat das Dreigestirn Zeus – Apollo – Athene herausragende Bedeutung: Zeus als Göttervater, Apollo, sein Sohn, der in die Unterwelt eindringen muss, und Athene als Repräsentantin in der ewigen Weisheit.

In der germanischen Mythologie finden sich vielfältige Erscheinungen der Dreigliederung: Die Götter Odin, Wili und Weh können als Verkörperungen der Seelenfähigkeiten Denken, Fühlen und Wollen interpretiert werden. Die Weltensche hat drei Wurzeln: Drei Welten sind über der Erde, drei auf der Erde und drei unter der Erde; drei Gottheiten bestimmen vor allem das Geschehen: Odin, Thor und Freya.

Sind dies im wesentlichen Dreiheiten, *Triaden,* so entstand mit dem Christentum mit der *Trinität* eine neue Qualität zum Verständnis der göttlichen Welt (29): Der *Eine Gott* wird *dreifaltig* erlebt als

› *Vatergott,* als Schöpfer der Welt und des Menschen,

› *Sohnesgott, als Logos, Christos, der Heilende,* der im Zeitenlauf in der Welt und im Leben der Menschen wirkt,
› *Geistgott, als spirituelles Licht,* der die Menschen inspiriert und ihnen Bewusstsein schenken will.

Hans Küng schreibt dazu (30):
› „An Gott, den Vater glauben, heißt... an den einen Gott glauben...."
› „an den Sohn Gottes glauben heißt, an des einen Gottes Offenbarung im Menschen Jesus von Nazareth glauben,...."
› „an den Heiligen Geist glauben, heißt, an Gottes wirksame Macht und Kraft in Mensch und Welt glauben..."
und stellt damit dar, dass hier keinesfalls eine Dreiheit der göttlichen Welt intendiert wird, wie sie in früheren Religionen vorkommt.

Rudolf Steiner schuf mit der *Grundsteinmeditation* eine mantrische Spruchfolge, mit dem sich der moderne Mensch mit seinem Ich und seiner dreigegliederten Seelenwelt dreifach mit der göttlichen Welt ver-binden kann (31,32). Die Arbeit mit diesen Inhalten soll über die Versenkung hinaus zum Leben und Handeln aus christlichem Impuls führen. Er integriert in diese Meditation die dreigliedrige Spruchfolge der Rosenkreuzer, mit den Aussagen,
› *vom Schöpfergott geschaffen zu sein,*
›› *mit Christus in die Welt wirkend zu sterben und*
››› *im Geist Gottes aufzuerstehen.*

In dieser Meditation können die Seelenbereiche des Wollens, des Fühlens und des Denkens intensiv erlebt werden. Denn:
› Der Wille ist gerichtet auf die Welt, die als Gottes Schöpfung erkannt werden kann;
› Christi Wirken kann gegenwärtig erlebt werden mit den Fähigkeiten des Fühlens;
› das Denken kann vom Geist Gottes befruchtet und geführt werden.
(Darauf ist in Kapitel 39 näher eingegangen).

(29) Alfred Schütze: Vom Wesen der Trinität, Stuttgart, 1980

(30) Hans Küng,: Das Judentum, München, 1991

(31) Rudolf Steiner: Die Grundsteinlegung..., Dornach (Schweiz), (1923/24), 1986

(32) Sergej Prokofieff (Herausgeber): Die Grundsteinmeditation als Schulungsweg, Dornach (Schweiz), 2002

*Man sieht nur mit dem Herzen gut:*
*Das Wesentliche ist für die Augen unsichtbar.*

Antoine de Saint Exupéry

*... Das Mädchen setzte sich*
*wieder in seine Stube zur Arbeit*
*und es sang so vor sich hin:*
*„Spindel, Spindel, geh Du aus*
*bring den Freier in mein Haus."*
*Was geschah? Die Spindel sprang ihm augenblicklich*
*aus der Hand und zur Tür hinaus; und als es vor Verwunderung aufstand*
*und ihr nachblickte, so sah es, dass sie lustig in das Feld hinein tanzte*
*und einen glänzenden goldenen Faden hinter sich herzog.*
*... Die Spindel tanzte immer weiter, und eben als der Faden zu Ende war,*
*hatte sie den Königssohn erreicht. „Was sehe ich?" rief er,*
*die Spindel will mir wohl den Weg zeigen?"*
*drehte sein Pferd um und ritt an dem goldenen Faden zurück.*
*Das Mädchen aber saß an seiner Arbeit und sang:*
*„Schiffchen, Schiffchen webe fein,*
*führ den Freier mir herein."*
*Also sprang ihr das Schiffchen aus der Hand und sprang zur Tür hinaus.*
*Vor der Türschwelle aber fing es an, einen Teppich zu weben, schöner*
*als man je einen gesehen hat. Auf beiden Seiten blühten Rosen*
*und Lilien, oben in den Zweigen saßen bunte Vögel;*
*es fehlte nichts, als dass sie gesungen hätten.*
*Das Schiffchen sprang hin und her, und es war, als wüchse alles*
*von selber. Weil das Schiffchen fortgelaufen war, hatte sich das Mädchen*
*zum Nähen hingesetzt; es hielt die Nadel in der Hand und sang:*
*„Nadel, Nadel, spitz und fein,*
*mach das Haus dem Freier rein."*
*Da sprang ihr die Nadel aus den Fingern*
*und flog in der Stube hin und her, so schnell wie der Blitz.*
*Es war nicht anders, als wenn unsichtbare Geister arbeiteten,*
*alsbald überzogen sich Tisch und Bänke mit grünem Tuch,*
*die Stühle mit Sammet und an den Fenstern hingen seidene Vorhänge.*
*Kaum hatte die Nadel den letzten Stich getan, so sah das Mädchen*
*schon durch das Fenster die weißen Federn von dem Hut des Königs-*
*sohns, den die Spindel an dem goldenen Fadenherbeigeholt hatte.*
*Er stieg ab, schritt über den Teppich in das Haus herein,*
*und als er in die Stube trat, stand das Mädchen da*
*in seinem ärmlichen Kleid,*
*aber es glühte darin wie eine Rose im Busch.*
*„Du bist die Ärmste, aber auch die Reichste",*
*sprach er zu ihr, „komm mit mir, Du sollst meine Braut sein."*

Brüder Grimm, aus: Spindel, Weberschiffchen und Nadel (15)

## 12. Märchenwelten

Viele historische Volksmärchen enthalten in ihren Sinnbildern und Geschehnissen tiefgründige Weisheiten (33): Daher lassen sich oft Bezüge zu aktuellen Lebenssituationen herstellen; dies soll hier an zwei Beispielen aus der Sammlung *Grimms Märchen* versucht werden (15).

Das von den Brüdern Grimm aufgezeichnete Märchen *Spindel, Weberschiffchen und Nadel* zeigt unmittelbare Bezüge zur Dreigliederung.

Ein Mädchen – Repräsentant des Menschen schlechthin – verliert Vater und Mutter und wird von seiner Patin in drei Handwerken unterrichtet: *Spinnen, Weben und Nähen.* Nachdem diese gestorben ist, ernährt sie sich damit gut und kann anderen etwas abgeben. Da erscheint ein Königssohn mit einer weißen Feder am Haupt – hier, wie in vielen Märchen, ein Bild für das *Höhere Selbst.* Er sucht eine Frau, die zugleich *die ärmste und die reichste* ist – ein tiefsinniges Bild, das zwei Gegensätze zugleich fordert, damit eine Synthese, ein drittes Höheres.
Die Menschen, die er fragt, können dies nicht verstehen und zeigen ihm jeweils im Umkreis die reichste Frau und die ärmste. Das Mädchen wird als ärmste benannt. Als er an ihr vorbei reitet, sendet sie ihm die Spindel nach, die entlang des Weges einen *goldenen Faden* spinnt – ein klassisches Bild für die Fähigkeit des Wahrnehmens und Denkens. Er kehrt um. Währenddessen webt das *Weberschiffchen* einen wunderschönen Teppich vor der Türschwelle mit Rosen, Lilien und mit goldenem Grund, Ranken und Tieren – Sinnbild für die Kräfte des Empfindens und Fühlens. Die *Nadel* wirkt *wie der Blitz,* schafft Sammet und seidene Vorhänge und veranschaulicht damit die Willenskräfte.

Der Königssohn erkennt das Mädchen als die *Ärmste und Reichste.* Mit der *Hochzeit,* die mit großer Freude gefeiert wird, meinen die Erzähler die Vermählung mit dem Höheren Selbst, trägt doch der Königssohn eine *weiße Feder,* die ihn als eine geistige Erscheinung ausweist!

Lehrt uns dieses Märchen, die *Dreigliederung* tiefer zu verstehen, so spiegelt das Märchen *Die Bremer Stadtmusikanten* ein Bildgeschehen, das die vier Ebenen des Menschen mit Physis, Vitalorganismus, Psyche und Ich/Selbst in Sinnbildern darstellt (15,33).

In dem bei den Berbern Nordafrikas aufgezeichneten Märchen *Der Schneider in der glücklichen Stadt* ist ein fleißiger Schneider zugleich Muezzin, der viele Jahre zuverlässig zum Gebet ruft. Eines Tages greift ihn ein großer Vogel vom Minarett und fliegt über Berge, Wüsten und ein großes Meer in eine schöne Stadt. Dort herrscht Reichtum und eine wunderbare soziale Atmosphäre: Die Menschen kaufen das, was sie benötigen, indem sie einfach *„Gebete zur Schönheit"* aussprechen. Folgerichtig arbeitet auch jeder für *Gebete zur Schönheit.* Hier geht der bis dahin nicht erfüllte Herzenswunsch des Schneiders in Erfüllung: Er findet eine Frau und heiratet sie.
Als ihn bei einem Marktgang ein wunderbarer riesiger Fisch fasziniert und er ihn für einige *Gebete zur Schönheit* erwirbt, muss er von seiner entsetzten Frau erfahren, dass er viel mehr als für ihren gemeinsamen Bedarf genommen hat... der Greifvogel bringt ihn alsbald zurück in das Land seiner Herkunft!
In diesem Märchengeschehen spielt sich offensichtlich eine Ich-Entwicklungsgeschichte ab: Die *Gebete zur Schönheit* mit denen man alles erwerben kann, führen nur dann zu einem *schönen* sozialen Leben, wenn die Menschen ihren Egoismus beherrschen, also eine in allen drei Dimensionen ausgeglichene Ich-Struktur entwickeln. Der eingeflogene Schneider schafft dies nicht, er erliegt der Versuchung, mehr zu nehmen als er braucht -- also dem Egoismus -- und muss daher in sein unglückliches vorheriges Dasein zurückkehren!
Nachdenkenswert ist hier (in der Welt der Berber!) auch die Rolle der *Schönheit:* Sie steht hier ähnlich wie in der Renaissance im Wechselspiel zum Ideal der *Gleichheit* und beschreibt den menschlichen Bezug zur Dingwelt – so, wie das Ideal der *Gleichheit* den sozialen Bezug zu anderen Menschen definiert (siehe Seite 16).

(33) Friedel Lenz: Bildsprache der Märchen, Stuttgart, (1997), 2003

*An dem Märchen werden die Ausleger zu käuen haben....*
*Der Schlüssel liegt im Märchen selbst.*

Friedrich Schiller
zum Märchen Goethes

*Die Alte eilte weg, und in dem Augenblick erschien das Licht der aufgehenden Sonne an dem Kranze der Kuppel; der Alte trat zwischen den Jüngling und die Jungfrau und rief mit lauter Stimme: „Drei sind, die da herrschen auf Erden: die Weisheit, der Schein und die Gewalt." Bei dem ersten Worte stand der goldene König auf, bei dem zweiten der silberne, und bei dem dritten hatte sich der eherne langsam emporgehoben, als der zusammengesetzte König sich plötzlich ungeschickt niedersetzte. Wer ihn sah, konnte sich, ungeachtet des feierlichen Augenblicks, kaum des Lachens enthalten; denn er saß nicht, er lag nicht, er lehnte sich nicht an, sondern er war unförmlich zusammengesunken.*

*Der Mann mit der Lampe führte nunmehr den schönen, aber immer noch starr vor sich hinblickenden Jüngling vom Altare herab und gerade auf den ehernen König los. Zu den Füßen des mächtigen Fürsten lag ein Schwert in eherner Scheide. Der Jüngling gürtete sich. „Das Schwert an der Linken, die Rechte frei!" rief der gewaltige König. Sie gingen darauf zum silbernen, der sein Zepter gegen den Jüngling neigte. Dieser ergriff es mit der linken Hand, und der König sagte mit gefälliger Stimme: „Weide die Schafe!" Als sie zum goldenen Könige kamen, drückte er mit väterlich segnender Gebärde dem Jüngling den Eichenkranz aufs Haupt und sprach: „Erkenne das Höchste!"*

Goethe: Märchen (7)

## 13. Dreiklänge Schillers und Goethes

Wegweisend und immer wieder diskutiert sind Friedrich Schillers Briefe *Über die ästhetische Erziehung des Menschen,* die er im Jahre 1783 verfasste (6). Darin begründet er die Polarität zwischen *Formtrieb und Stofftrieb,* zwischen *Geist und Natur* als ursächlich für menschliches Handeln – *Trieb* hier zu verstehen als Kräfte, Wirkensfelder, Möglichkeiten und Fähigkeiten. Der *Stofftrieb* umfasst alles materielle Sein, das sinnlich erfahrbar ist und zeitbezogen erscheint. Der *Formtrieb* erfasst das absolute Sein, die Wahrheit, und existiert unabhängig von der Zeit.
Der Mensch entwickelt mit seinem dritten Trieb, dem *Spieltrieb,* ein Zwischenreich, das ihm Freiheit schafft und damit erst zum Menschen werden lässt. Damit schafft der Mensch Gestaltung und Schönheit im weitesten Sinn, bis hin zum moralisch Guten: Es entsteht damit eine *Mitte-Bildende Kraft,* die die Polaritäten Freiheit und Notwendigkeit überbrückt.
Letztlich zielen die *Briefe* auf Vorschläge, wie eine menschenwürdige Gesellschaft erreicht werden kann: in dem das duale Denken überwunden wird und eine neue, dritte Kraft entsteht, durch die erst Menschlichkeit gewonnen werden kann.

Schiller sendet die Briefe an Goethe, der sich über deren Inhalte begeistert zeigt und *Das Märchen* verfasst: Ganz verschiedenartige phantasievolle Gestalten repräsentieren die seelisch-geistigen Kräfte, Fähigkeiten und Wirkensfelder des Menschen (7,9,12, Seiten 109f).

Aus dem überaus reichen Geschehen im *Märchen* soll hier nur ein Aspekt aufgegriffen und interpretiert werden: Die Vermählung des *Jünglings* – er repräsentiert den Menschen mit seinem Selbst – mit der *Schönen Lilie.* Als weiße, dreigegliederte Blüte steht ihr Name für das *Höhere Selbst.* Im Märchen erscheint sie als weiß gekleidete, Harfe spielende junge Frau. Als der Jüngling sie ohne adäquate Vorbereitung berührt, fällt er in eine todesähnliche Ohnmacht.

Er wird mit der Schlange, zwei Irrlichtern, dem Alten, der Alten (Gestalten, die die verschiedenen Bereiche und Entwicklungsmöglichkeiten des Menschen darstellen) und der Lilie in einen unterirdischen Tempel geführt. Vier Könige empfangen die Gruppe, drei begaben den Jüngling, der dadurch das Bewusstsein wieder erlangt:

› Der *eherne König* überreicht ihm ein Schwert mit den Worten: „Das Schwert an der Linken, die Rechte frei!" und aktiviert damit die Willenskräfte;

› der *silberne König* übergibt ein Zepter mit den Worten: „Weide die Schafe": Mit dem Sinnbild des Hirten, der gerecht alle seine Schafe auf die Weide führt, wird das Gefühlsleben angesprochen;

› der *goldene König* setzt ihm einen Eichenkranz aufs Haupt, sprechend: „Erkenne das Höchste!"

Damit schuf Goethe ein meditatives Bild der drei Seelenfähigkeitsbereiche des Willens, des Fühlens und des Denkens, die es zu entwickeln gilt, bevor das Höhere Ich gefunden werden kann. Nach der am Altar des Tempels vollzogenen Vermählung mit der *schönen Lilie* wird als *vierte, höhere Kraft, die Liebe*, gewonnen.

Während dessen sinkt der *vierte König*, gemischt aus Bronze, Silber und Gold, zu einer lächerlichen Gestalt zusammen, da die Irrlichter (die Erkenntniskräfte) alles Gold aus seinen Adern geleckt haben. Dies kann als Hinweis verstanden werden, dass die Durchmischung der drei Seelenfähigkeiten überwunden werden muss.

Nach diesen Geschehnissen steigt der Tempel aus dem Untergrund zur Erdoberfläche auf, die Schlange opfert sich und schafft damit eine Brücke zwischen diesseitiger und jenseitiger Welt, die jedermann begehen kann. Dann entsteht mit dem Jüngling als König eine ideale menschliche Gesellschaft. Das Märchen schließt mit der Aussage, die offensichtlich Goethes Wunsch und Hoffnung für die Zukunft spiegelt: *„Und der Tempel ist der besuchteste der ganzen Erde"* (7).

Clown Jojo (zu Spinne Angramain):
*Nur Totes hält dein Griff umspannt.*
*Drum magst Du von Vollkommenheit wohl reden!*
*Lebendiges hast Du noch nie erkannt*
*und nicht das Werdende, das Morgen-Land.*
*Doch dies Geheimnis hütet selber sich,*
*Ist nicht von aussen abzulesen.*
*Nur wer sich drein verwandelt innerlich,*
*versteht sein wunderbares Wesen.*
Spinne Angramain:
*Und deine Schreine - wenn es selbst so wär´-*
*wozu sie schließlich öffnen? Sie sind leer!*
Clown Jojo:
*Wo du das Nichts erblickst, ist eine Kraft,*
*Verborgen, unerreichbar allem Bösen,*
*Die aus sich selbst – sich und die Welt erschafft.*
*Und die vermag´s, das Rätsel aufzulösen.*
Spinne Angramain:
*Es gibt nicht Neues, gibt nichts, was entsteht!*
*Die Welt ist Staub, der sich im Kreise dreht!*
*Die Schöpferkraft! Das alte Spiel des Affen,*
*Der wiederholt stets, was schon seit je bestand!*
Eli, schwachsinniges Mädchen und Prinzessin:
*Und doch gäb´s nicht dies ganze Morgen-Land,*
*Das du beherrschen willst, hätt´ niemand es erschaffen.*
Angramain:
*Es war schon immer da –und das genügt.*
*Nichts Neues wurde je hinzugefügt.*
*Und da nicht existiert, wovon er spricht,*
*Bin ich vollkommen – denn es fehlt mir nicht!*
Jojo:
*Was du nicht kennst, das, meinst du, soll nicht gelten?*
*Du meinst, daß Phantasie nicht wirklich sei?*
*Aus ihr allein erwachsen künftige Welten:*
*In dem, was wir erschaffen, sind wir frei.*
Angramain:
*Freiheit ist Trug, denn alles ist bedingt,*
*Notwendigkeit, die uns umringt und zwingt!*
*Und da nicht existiert, wovon er spricht,*
*Bin ich vollkommen, denn es fehlt mir nicht!*
Eli:
*Es fehlt dir! Oh es fehlt dir sehr!*
*Weißt du dich selber nur vom Zwang getrieben?*
*So ist dein Reich vollkommen liebeleer*
*Und darum hat es keine Zukunft mehr.*
*Nur wo wir frei sind, können wir auch lieben!*

Michael Ende: Das Gauklermärchen, 7. Bild

## 14. Märchen aktuell

*Das Gauklermärchen* von Michael Ende (8) spiegelt Goethes *Märchen.* Beide Märchen stellen die spirituellen Hintergründe und biografischen Prozesse der Findung des Höheren Ich aus verschiedenen Sichtweisen dar: Damit wird uns der Zugang zu dieser Welt erleichtert (9).

Im Gauklermärchen repräsentiert ein Mädchen den Menschen: Die *Prinzessin Eli,* vor ihrer Geburt in einem wunderbaren *Schloss aus buntem Glas* lebend, entschließt sich aus Sehnsucht nach dem *Prinzen Joan* auf die Erde zu kommen. Sie wird durch einen Chemieunfall schwachsinnig und landet in einem bankrotten Zirkus, einer Gauklertruppe, die sich inmitten heruntergekommener Zirkuswagen an einem Feuer aus Abfällen wärmt. *Prinz Joan,* ist hier der Clown *Jojo,* der mit seinem Bandonion nur ein Lied spielen und singen kann: „Ich weiß nicht woher ich komme, ich weiß nicht, wo gehe ich hin..."

Er ist in einer anderen Sphäre als *König Joan* Schöpfer des *Morgenlandes,* des Reichs der Phantasie, in dem die Ideale der Freiheit, Gleichheit und Brüderlichkeit gelebt werden. Er verliert es an die Spinne *Angramain,* als es ihr gelingt, ihn mit bezaubernder Sexualität zu verführen. Sie spinnt das Land mit ihren grauen Fäden völlig ein und spielt damit die Rolle Ahrimans (Seiten 68f).

Erst viel später, als Eli hinter der Maske den gesuchten Prinzen Joan erkennt und liebt, gelingt es der Gauklertruppe, das besetzte Morgenland wieder zu finden: Den dramatischen Kampf mit der Spinne Angramain gewinnen die Gaukler, als Eli eine Scherbe des Spiegels *Kalophain* der Spinne schenkt, diese ihn verschlingt und ihre wahrhaft grässliche Gestalt wahrnimmt. Sie stürzt sich in den Abgrund, ihre grauen Spinnennetze verwandeln sich in goldene und bilden eine Brücke, über die Eli und die Gaukler in das Morgenland gelangen können.

Dieses Geschehen spielt im Geistigen - die Realität zeigt die Gaukler vor der Frage, ob sie einen Vertrag mit dem Chemiekonzern abschließen sollen, der ihnen eine materiell gesicherte Zukunft bieten kann als Wanderzirkus zur Werbung für Chemieprodukte. Bedingung ist dabei, dass sie Eli in ein Heim einweisen lassen, damit sie nicht an Chemieunfall erinnert.

Michael Ende schuf mit diesem Spiel ein Bildgeschehen, das den Weg des Selbst zum Höheren Selbst in einer dramatischen Szenenfolge erlebbar macht. Er spiegelt damit Goethes Märchen, zum Beispiel mit der Person Elis, die die Rolle des Menschen schlechthin spielt, die bei Goethe ein stolzer Jüngling versah. Das Höhere Selbst, die schönen Lilie in Goethes Märchen, spielt hier der Clown Jojo, sein Bandonium spiegelt die Harfe der schönen Lilie. Statt in einem Tempel mit Königen und einem Altar stellt Michael Ende sein Märchen zwischen abgewetzte Zirkuswagen auf einen schlammigen Bauplatz vor einer Chemiefabrik.

Damit kommt der Zuschauer oder Leser in die aktuelle Realität. Der Kampf um die Findung des Höheren Selbst und die Dramatik, die daraus entstehen kann, wenn ein Mensch seinem Höheren Selbst folgt, lässt sich - schaut man aufmerksam ins tägliche Leben - immer wieder wahrnehmen.

Weltweit wahrgenommen wurde der mutige Einsatz und die Ausdauer von Julia Butterfly Hill. Sie lebte 738 Tage, länger als zwei Jahre, auf dem Baum Luna, um ihn vor den Holzfällern zu retten. Sie trotzte in 35 Metern Höhe, auf einer winzigen Plattform Stürmen, Schneetreiben und allen Versuchen der Holzkonzerne, sie mit nahen Hubschrauberflügen herunterzustürzen (34).

Luna, eine kalifornischer Redwood Baum, gehört zu den „Mammutbäumen", die über tausend Jahre alt werden, über hundert Meter hoch wachsen können. Die einmaligen Wälder aus diesen Bäumen an der Küste im Norden Kaliforniens wurden bis 1998 von Holzkonzernen flächendeckend abgeholzt - solange, bis Bürger - allen voran Julia Butterfly Hill - mit ihren Protesten diese Naturzerstörung stoppten.

(34) Julia Butterfly Hill: Die Botschaft der Baumfrau, München, 2000

*Es liegt an Ihnen,*
*zu verstehen, dass Brüderlichkeit*
*weder ein naiver Traum ist noch etwas, wovon*
*nur Sektierer reden, sondern der einzige realistische Weg*
*zum Überleben der Gattung Mensch, der Sie angehören.*
*Imaginieren Sie, träumen Sie, nehmen Sie Risiken auf sich.*
*Lassen Sie Brüderlichkeit zur Praxis werden.*

Jacques Attali

*Der Kampf um die Freiheit*
*und der um die Gleichheit haben*
*die Köpfe und Herzen der Menschen,*
*haben die wissenschaftliche und politische Diskussion*
*und schließlich auch die sozialen und politischen Systeme*
*seit 1789 in hohem Maße bestimmt.*
*Oftmals wurden sie nicht mit-, sondern gegeneinander ins Feld geführt.*
*Der Kapitalismus, der, ausgehend von Smith und Ricardo,*
*die westlichen Systeme früh und bis heute zutiefst bestimmt hat,*
*baut auf einer Hypostasierung des Freiheitsideals bei gleichzeitiger*
*Minimalisierung des Gleichheits- und Brüderlichkeitsideals auf.*
*Er will vor allem die Freiheit des Einzelnen sichern,*
*entbinden und damit zum Motor ökonomischer*
*und gesellschaftlicher Entwicklungen machen.*
*Ob die so entstehenden Verhältnisse*
*gerecht oder ungerecht sind, interessiert ihn nur wenig.*
*Der von Marx und Engels ausgehende Sozialismus*
*dagegen stellte ganz das Gleichheitsideal in den Mittelpunkt*
*- trat dabei aber schon in seiner Theorie, erst recht aber*
*in seiner überall mehr oder weniger totalitären Praxis*
*die Freiheit des Menschen mit Füßen...*
*...Mit dem Untergang des Sozialismus wurde*
*in fast allen Ländern der Welt der Kapitalismus*
*in rauschhafter Verzückung seiner wichtigsten Protagonisten*
*zum Sieger ausgerufen und zeigt sich seither auf seinem*
*unterentwickelten sozialen Auge noch weit blinder als zuvor.*

Nachwort von Gerald Häfner in Jacques Attali: Brüderlichkeit – Eine notwendige Utopie im Zeitalter der Globalisierung (25)

## 15. Verwandtschaft

Jacques Attali, geboren 1943 in Algier, ist als Romancier und Wirtschaftstheoretiker sowie als Berater des Staatspräsidenten Francois Mitterand bekannt geworden.
In seinem Werk *Fraternités,* auf deutsch *Brüderlichkeit,* analysiert er die Ideale und Zielsetzungen verschiedener Gesellschaftsentwürfe und deren Realisierung im Lauf der Geschichte, vor allem der der letzen zwei Jahrhunderte (25).
Als grundsätzliche gesellschaftlich relevante Utopien findet er die der
› Ewigkeit
› Freiheiten
› Gleichheiten
› Brüderlichkeiten,
die er in der Geschichte des Abendlandes in dieser Reihenfolge realisiert sieht.

In der ägyptischen, hebräischen, griechischen Kultur stand die Frage nach der ewigen Existenz der menschlichen Seele im Vordergrund: Das Leben wurde als Vorbereitung auf das nachtodliche Weiterleben gestaltet.

Im 17. Jahrhundert erhielt das Ideal der *Freiheit* höchste Priorität in Bezug auf Denken und Wissenschaften, aber auch in Bezug auf Handel und Besitz: Die USA und England begründen den *freien Markt*!
Er wird ergänzt durch das Ideal der Gleichheit, das im Christentum verankert ist und zur Forderung nach *Demokratie* führt. Sie soll *Despotie,* die grenzenlose Machtausübung einzelner verhindern.
*Das Ideal der Brüderlichkeit* taucht erst spät auf, ohne wirkliche Bedeutung zu erringen.

Im darauffolgenden Zeitalter des Sozialismus spielt die *Gleichheit* die überragende Rolle und lässt das Ideal der *Freiheit* zu einem Gegenspieler werden, der in der Geschichte der Staaten oft unterliegt.

In den unfassbaren Unmenschlichkeiten, die weltweit das Leben vieler bestimmen, ruft nun Jacques Attali die *„Fraternités"* (im Plural!) auf. Er legt dar, wie sehr heute jeder auf viele andere angewiesen ist: Täglich, ja stündlich baut unser Leben auf der Arbeit anderer auf. Mehr und mehr wird erkannt, dass das Wohlergehen aller das Anliegen aller sein sollte. Die Amerikaner sprechen von *Win-win-Situationen*, Haltungen und Handlungen, die jeden Beteiligten etwas gewinnen lassen.

Die Quintessenz: jede Zweierkombination der drei Ideale ist inkompatibel, führt zu Konflikten des Entweder-Oder, erst die Trilogie der drei Ideale lässt sie miteinander vereinbar werden: *Brüderlichkeit* macht *Freiheit und Gleichheit* kompatibel, weil die notwendige Begrenzung der Freiheit im Bereich der Güter und des Besitzes nur durch soziales Miteinander-Teilen, durch soziale Hilfen und nicht durch Gleichheit erreicht werden kann. Wiederum ist eine Entwicklung zu einem Übermaß an *Gleichheit* am ehesten durch *Brüderlichkeit* zu begrenzen.

Gerald Häfner beschreibt in seinem Nachwort im Buche Attalis (25) *Die Renaissance der Brüderlichkeit*, dass Gemeinwesen, wenn sie menschengemäß gestaltet werden sollen, auf einer ausgeglichenen Balance der drei Ideale aufbauen müssen. Er argumentiert damit auch gegen den seither immer wieder beschworenen und blind geglaubten Grundsatz von Adam Smith, dass der Wohlstand umso größer werde, je mehr der Einzelne seinen Eigennutz verfolge:

*„Der Spruch ist schlicht falsch. Er formuliert eine entsetzliche Einseitigkeit. Die Gesellschaft, die Gemeinschaft geht zu Grunde bei solcher Einseitigkeit....Ein solches, auf unbegrenzten Egoismus gebautes System verursacht zahlreiche Opfer. Als erstes bleibt die Natur auf der Strecke,..., die schonungslos ausgebeutet wird...als Nächste zahlen immer mehr Menschen den Preis dieser angeblich goldenen Regel zu Wohlstand und Reichtum."*

## *Sprüche des Konfuzius*

*1.*

*Dreifach ist der Schritt der Zeit:*
*Zögernd kommt die Zukunft hergezogen,*
*pfeilschnell ist das Jetzt entflogen,*
*ewig still steht die Vergangenheit.*

*Keine Ungeduld beflügelt*
*ihren Schritt, wenn sie verweilt.*
*Keine Furcht, kein Zweifeln zügelt*
*ihren Lauf, wenn sie enteilt.*
*Keine Reu, kein Zaubersegen*
*kann die stehende bewegen.*

*Möchtest du beglückt und weise*
*endigen des Lebens Reise,*
*nimm die Zögernde zum Rat,*
*nicht zum Werkzeug deiner Tat.*
*Wähle nicht die Fliehende zum Freund,*
*nicht die Bleibende zum Feind.*

*2.*

*Dreifach ist des Raumes Maß.*
*Rastlos fort ohn´ Unterlaß*
*strebt die Länge fort ins Weite*
*endlos gießet sich die Breite*
*grundlos senkt die Tiefe sich.*

*Dir ein Bild sind sie gegeben:*
*Rastlos vorwärts mußt du streben,*
*nie ermüdet stille stehn,*
*willst du die Vollendung sehn;*
*Mußt ins Breite dich entfalten,*
*soll sich dir die Welt gestalten;*
*In die Tiefe mußt du steigen,*
*soll sich dir das Wesen zeigen.*
*Nur Beharrung führt zum Ziel,*
*nur die Fülle führt zur Klarheit,*
*und im Abgrund wohnt die Wahrheit.*

Friedrich von Schiller

## 16. Weitere Dreiklänge

Die Qualität und die Bedeutung der DREI zeigt sich in vielen Gesetzmäßigkeiten und Phänomenen, die jeden Tag unseres Lebens mitgestalten – einige seien hier genannt (29):

Unser Zeiterleben gliedert sich in drei Sphären
› Vergangenheit – Gegenwart – Zukunft.
Sie können ohne weiteres verbunden werden mit
› Denken -- Fühlen – Wollen,
da das Denken stets auf früher Gewonnenem aufbaut, Fühlen in der Gegenwart spielt und das Wollen auf die Zukunft zielt.

Auch der Raum wird mit drei Koordinaten beschrieben:
› Raumbreite, -weite (rechts/links) – Raumhöhe (oben/unten) – Raumtiefe (vorne/hinten).
Sie können ebenfalls verbunden werden mit den drei Seelenaktivitäten: Das Denken kann mit dem Abwägen zwischen richtig und falsch, rechts und links in der Raumbreite erlebt werden; das Gefühl spiegelt sich wieder im Erleben des Oben und Unten; vorne und hinten werden mit dem Willen erschlossen.

Unsere Sprache basiert auf einem dreigliedrigen Aufbau von Satz und Wort:
› Subjekt – Prädikat – Objekt,
› Hauptwort – Zeit-/Tätigkeitswort – Eigenschaftswort.
Die Hauptworte/Substantive bilden das Gerüst, die Grundlage der Sprache, indem sie das Sein, die Substanz der Dinge begrifflich erfassen. Im Zeitwort wird das Werden, das Tun und Schaffen den Dingen zugeordnet. Im Eigenschaftswort kommen Qualitäten, das Bemerkenswerte zum Ausdruck.
Hier erscheinen das Sein und dessen Erfahrung durch den Menschen in einer triadischen Wesenheit:

› Des Seins – des Werdens – der Wesensoffenbarung.
Im Bezugssystem der Sprache gibt es die Entwicklungslinie:
› Ich – Du – Wir/Welt;
Sie widerspiegelt die Sphären
› Selbst – Mitmensch – Welt.

Der Mensch kann sich dreier Haltungen befleißigen:
› Nachsicht – Rücksicht – Vorsicht,
die er in den Prozessen des Denkens, Fühlens und Wollens üben kann.

In der von dem Apostel Paulus übermittelten Christlichkeit spielen
› Glaube – Liebe – Hoffnung
eine besondere Rolle. Sie können verbunden werden mit den Seelenkräften:
› Wollen – Fühlen – Denken
und bauen aufeinander auf. Sie beziehen sich vor allem auf das Zeiterleben und sind daher besondere geistige Kräfte, mit denen der Mensch seine Schicksalsprozesse gestalten kann.

Diese drei christlichen, eigentlich menschlichen Haltungen verweisen auf die drei Lebensfelder:
› Religion – Kunst – Wissenschaft.
Betrachtet man die in der Mitte stehenden Begriffe, so entdeckt man die Beziehung Liebe ‹‹›› Kunst.
Dies kann ein neues Kunstverständnis eröffnen mit der Frage: Erwächst aus der Liebe, mit der ein Kunstwerk geschaffen und wahrgenommen wird, dessen Qualität (35)?

Die Bildende Kunst der letzten Jahrzehnte erhielt wesentliche Impulse von Josef Beuys - vor allem weil er seine *„Soziale Skulptur"* als dreigegliederte Gesellschaft im Sinne von Rudolf Steiners sozialem Impuls verstand und praktizierte (36).

(35) Diether Rudloff: Freiheit und Liebe, Grundlagen einer Ästhetik der Zukunft, Stuttgart, 1986

(36) Joseph Beuys: Aufruf zur Alternative, Achberger Verlag, Achberg, 1980

*Das Schlechte oder Böse hat zwei Aspekte;*
*Sie sind allerdings in sich von krassem Gegensatz,*
*nämlich Mangel und Übertreibung...*
*Das „Gute" ist ein Mitte- oder Gleichgewichtsproblem -*
*und daher auch so schwer zu fassen*

Rudolf Steiner (37)

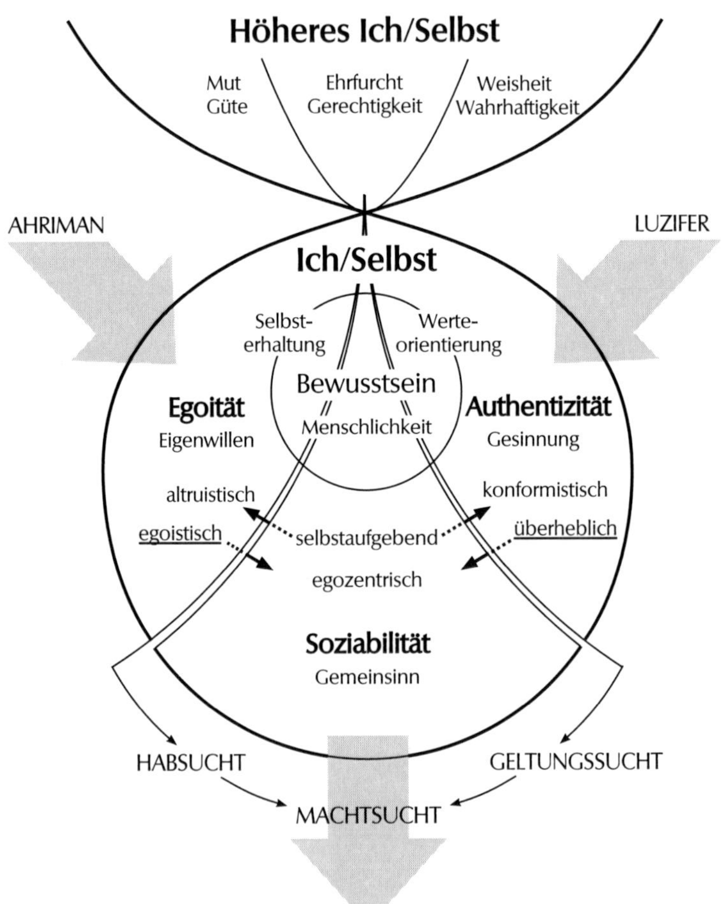

## Ich und Selbst entdecken

## 17. Das so genannte „Böse“

Jeder kennt, erlebt und erleidet in der Begegnung mit Anderen *Gut und Böse*: Wie bilden sich Urteile über *Gut und Böse*? Auf der Basis von Konventionen, Geboten, Gesetzen? Dies erscheint vordergründig und nicht mehr ausreichend - erleben wir doch immer wieder „Böses“ im Rahmen aller Konventionen und Gesetze! Es erscheint notwendig, hier ein tieferes Verständnis zu gewinnen, aus dem zeitgemäße Urteilsgrundlagen abgeleitet werden können.

Schauen wir auf die Struktur des „Selbst“, die hier gegenüber dem Bild auf Seite 28 etwas anders dargestellt ist. Jede der drei Dimensionen kann individuell größer oder kleiner ausgebildet sein, jede hat die Möglichkeit des **„Zuviel“** und des „Zuwenig“:

› **Wuchert** die Authentizität, so entsteht **Überheblichkeit,** die zur **Geltungssucht** führen kann,

› Steigert man die Egoität, so entsteht **Egoismus** und zuletzt **Habsucht**.

› Die Soziabilität wird durch beide Entwicklungen dezimiert zu **Egozentrik,** bei massiver Reduktion entsteht **Machtsucht**.

Im täglichen Miteinander erlebt jeder, dass bei solchen extremen Ausprägungen der drei Dimensionen Haltungen entstehen, die das *„Böse“* veranlagen, also Handlungsweisen verursachen, die Andere schädigen. Dass das Böse aus zwei Welten besteht, hat überzeugend Rudolf Steiner dargestellt – es sind dies zwei Modalitäten, die der Mensch als Versuchungen erleben kann (14, 37):

› Die Tendenz zur Verhärtung, das Festhalten am Hergebrachten, die Fixierung auf Materielles beschreibt er als *ahrimanisch*;

› die gegenteilige Tendenz zur Auflösung, den Hang zum Utopischen, zum Spiritistischen nennt er *luziferisch*.

Diese Polarität lässt sich ganz real als zwei geistige Kraftfelder erleben, die das Verhalten und die persönliche Entwicklung des Menschen maßgeblich bestimmen. Er kann es als seine Aufgabe sehen, die Balance zwischen den beiden Abgründen herzustellen und damit seine „Mitte" zu finden und zu erhalten. Dazu braucht er als Wegweiser und Richter, als innere höhere Instanz, sein *Höheres Ich/Selbst.*

Diese menschliche Mitte, hier mit dem Begriff „Soziabilität" benannt, sieht Rudolf Steiner als das Wirkensfeld der fortwährenden Kräfte des *Christus* (unabhängig von den religionsspezifischen Interpretationen seines irdischen Lebens). In diesem spirituellen Hintergrund steht in unserer Sprache das Wort *ICH,* gebildet aus den lateinischen Initialen des Namens *Jesus Christus.*

Die generelle Gesetzmäßigkeit, dass der Mensch seelisch gesund ist, wenn er seine ihm gemäße Mitte findet, gilt auch in der Medizin. Pulsschlag, Körpertemperatur,... alle Körperfunktionen können nach unten oder nach oben abweichen und entsprechende Krankheiten verursachen.

In allen diesen Erkenntnissen wird der klassische Gegensatz Gut «‹›» Böse weiter entwickelt zu einer polaren Welt der menschlicher Versuchungen. Es sind dies ein *Zuviel* oder ein *Zuwenig* in den Ausprägungen der drei Dimensionen des Ich/Selbst, die das *Gute* und das *Böse* in das persönliche Handeln bringen. Die Betroffenen erleben das *Gute* als Förderung, das *Böse* als Behinderung oder sogar Schädigung ihrer Entwicklung.

Das *Gute,* das die Entwicklung des Menschen Fördernde, findet sich im Ausgleich, in der Ausgewogenheit als der Mitte zwischen den Abgründen. So, wie physische Gesundheit mit Zuständen der Mitte, des Gleichgewichts erreicht wird, entsteht *Persönlichkeit* durch die individuelle Balance der drei Dimensionen des Ich/Selbst, *der Authentizität, der Soziabilität und der Egoität.*

## 18. Süchte des Selbst

*Wer glaubt etwas zu sein,*
*hat aufgehört etwas zu werden.*
Volksmund

Das Zusammenleben und -arbeiten wird durch die beschriebenen Suchtphänomene erschwert, manchmal sogar unmöglich. Wie sind sie in diesem Kontext zu verstehen?

Allgemein wird als Sucht erlebt ein vom Ich nicht beherrschbares Verlangen, das vor allem aus dem *Vitalorganismus* erwächst. Bedürfnisse werden im Fall einer Sucht durch Erfüllungen nicht befriedigt, sondern gesteigert. Dadurch wird das Selbst von Lebensfunktionen dominiert, indem suchtartige Bedürfnisse das Verhalten bestimmen.

Hier sollen diejenigen Süchte betrachtet werden, die aus extremen Ungleichgewichten der Dimensionen des *Ich/Selbst* entstehen. Da die drei Dimensionen sich gegenseitig bedingen, verursacht die expansive Entwicklung einer Dimension das Schrumpfen einer anderen oder der beiden anderen Dimensionen.

Die Arbeit des Höheren Selbst am Selbst wird ganz zutreffend beschrieben mit *Selbstentwicklung und Selbstbeherrschung*, basierend auf *Selbstwahrnehmung, Selbsterkenntnis, Selbstgefühl.*

Wächst eine Dimension des Ich/Selbst so sehr, dass sie das Höhere Selbst nicht mehr steuern, nicht mehr voll beherrschen kann, entsteht *Sucht*:
››› **Geltungssucht** aus expansiver Authentizität,
››› **Habsucht** aus überstarker Egoität,
››› **Opfersucht** („Helfersyndrom“) veranlagt in überstarker Soziabilität.
Diese ist relativ selten, da in unserem Kulturkreis Geltungssucht und Habsucht vorherrschen, die die Soziabilität reduzieren: Damit entsteht
››› **Herrsch- oder Machtsucht**.

Wie bei jeder anderen Sucht handelt es sich um Krankheiten, hier Erkrankungen des *Selbst*, dadurch verursacht, dass eine oder zwei der drei Dimensionen dieses Selbst die anderen Dimensionen überwuchert oder dass eine Dimension so minimiert ist, dass sie die Expansion der anderen verursacht.
Wie andere Süchte sind auch diese schwer vom Betroffenen selbst zu heilen. Meist erscheint Hilfe von Dritten notwendig – allein schon, um überhaupt eine Sucht festzustellen.

Zur Heilung von Drogen-, Alkohol- und andere im Vitalorganismus verankerte Sucht-erkrankungen gibt es Behandlungsverfahren, besondere Einrichtungen und Kliniken. Für die im Sozialen weitaus schädlicher wirkenden *Süchte des Selbst* sind noch keine spezifischen Heilungsverfahren gefunden - schlimmer noch, diese Krankheitsphänomene sind noch gar nicht ausreichend analysiert und harren noch ihrer Erforschung.

Therapieversuche durch Appelle oder Ermahnungen scheitern in aller Regel, da der Betroffene den Eingriff in seine Persönlichkeit abwehrt:
Was kann im Umfeld derart suchterkrankter Menschen getan werden ?

Voraussetzung jedes Einwirkens ist die absolute Achtung der Persönlichkeit: Die Ursachen, ja vielleicht sogar Notwendigkeiten in der Biografie eines Menschen sind Anderen in aller Regel verschlossen: Daher gilt es, dem Anderen mit tiefem Respekt sein Anderssein zuzugestehen.
Wenn es um die Entwicklung seines Wesenskerns, seines *Selbst* geht, kann zunächst nur der Betroffene selbst therapeutisch wirken.

Die Menschen im Umkreis können allerdings dazu beitragen, dass durch eine entsprechende Gestaltung des menschlichen Umfelds Chancen zur Selbsterkenntnis und zur Selbstheilung geschaffen werden. Eine entsprechend dreigegliederte und ausgewogen gestaltete soziale Struktur (wie sie auf Seite 36 f beschrieben ist) kann  zu Gesundung beitragen – ein einseitiges gesellschaftliches Umfeld kann Süchte auslösen und fördern!

## 19. Ärger worüber und wozu?

*Jede Erziehung ist Selbsterziehung,*
*und wir sind eigentlich als Lehrer und Erzieher*
*nur die Umgebung des sich selbst erziehenden Kindes.*

Rudolf Steiner

Carl Gustav Jung hat das Phänomen des *„Schattens"* dargestellt: Mit diesem Begriff bezeichnet er den Teil unserer Persönlichkeit, den wir missbilligen und daher nicht gern wahrnehmen. Wir schämen uns bestimmter Eigenschaften und Haltungen, die in unsrem Selbst vorhanden sind und vermeiden, sie bewusst wahrzunehmen. So führen sie ein schattenhaftes Eigenleben, sie sind virulent in allem, was wir denken, fühlen und wollen. Rudolf Steiner nennt dieses Phänomen *„Doppelgänger"* (37).
Auf dem Weg zu wahrer Selbsterkenntnis muss jeder ihm begegnen. Dies ist schockierend oder gar gefährlich: Die Konfrontation mit dem eigenen Schatten/Doppelgänger wird umso schrecklicher erlebt, je weniger man selbst ihn bislang wahrgenommen hat.

Erich Neumann hat auf der Basis der Erkenntnisse C. G. Jungs zwei Wege dargelegt, mit der Mensch mit seinem Schatten leben kann (38):
In erster Linie neigen wir dazu, ihn zu verdrängen, nicht wahrzunehmen, seine Existenz zu leugnen. Trotzdem wirkt er: Im Sozialen als *„Projektion"*: Sobald wir einen Menschen erleben, der Teile unseres Schattens zeigt, beginnen wir, uns zu ärgern: Wir finden den Anderen unerträglich und wollen dessen Schattenseiten korrigieren, ihn zum Besseren zu verändern. Unbewusst versuchen wir damit, unseren eigenen Schatten auszumerzen. Dieser Kampf kann fanatisch werden, wenn im anderen das Böse gesehen wird: Dann wird der andere *das Böse in Person*!

Die Beherrschung des Schattens gelingt damit natürlich nicht – egal ob der Andere sich korrigieren lässt oder nicht. Durch solche vermeintliche Erziehung entsteht zwangsläufig sozialer Unfrieden, da sich jeder, der seine Individualität schätzt, solchen Versuchen widersetzen muss.

Ein ganz anderer Weg führt dahin, mit seinem Schatten sozialverträglich umzugehen: *Integration* durch dessen Akzeptanz, durch den bewussten Umgang mit Disziplinierung und Selbsterziehung (Erich Neumann nennt diesen Weg *„Unterdrückung"*, ein Begriff, der im heutigen Sprachgebrauch eher einseitig triebartige Schattenseiten betont). Auf diesem Wege arbeitet das Höhere Selbst daran, die missliebigen Eigenschaften bewusst zu beherrschen und ggf. zu verwandeln. Dann findet keine „Projektion" statt; die Mitmenschen im Umkreis können dann so, wie sie sind, akzeptiert werden, da es keinen Grund mehr dafür gibt, sich über sie zu ärgern, sie zu Besserem zu „erziehen".

Die Akzeptanz, ja der bewusste Umgang, das Leben mit dem eigenen Schatten/Doppelgänger ist ein entscheidende Schritt zu sozialer Kompetenz. Er ist ebenfalls notwendig für jede Art spiritueller Arbeit, da sonst der Schatten/Doppelgänger den Weg zu geistiger Erkenntnis versperrt: Rudolf Steiner nennt ihn deshalb auch den „Hüter der Schwelle" (37).

Der Schlüssel zur Selbstentwicklung liegt hier in der Maxime: „Jeder erzieht sich selbst – keiner einen anderen".

Ein erster Schritt dazu ist, aus Sicht des Höheren Selbst kritisch auf die eigene Struktur des Selbst zu schauen:

› Wie sind dessen drei Dimensionen ausgeprägt ?
› In welcher Dimension gibt es Wucherungen oder Defizite ?
› Wie kann eine persönliche innere Balance in den drei Dimensionen *Authentizität, Soziabilität und Egoität* erreicht werden ?

Damit arbeitet man unmittelbar an seinen sozialen Fähigkeiten. Wucherungen im Selbst, die zu *Egoismus* und *Profilierungssucht* führen, verursachen ein Defizit in der Soziabilität, das sich im *Machtstreben* auslebt, stört, ja zerstört zwangsläufig jede Zusammenarbeit und jede Gemeinschaft!

(37) Rudolf Steiner: Themen aus dem Gesamtwerk 19: Das Mysterium des Bösen, ausgewählt und herausgegeben von Michael Kalisch, Stuttgart, 1999

(38) Erich Neumann: Tiefenpsychologie und neue Ethik, München, 1973

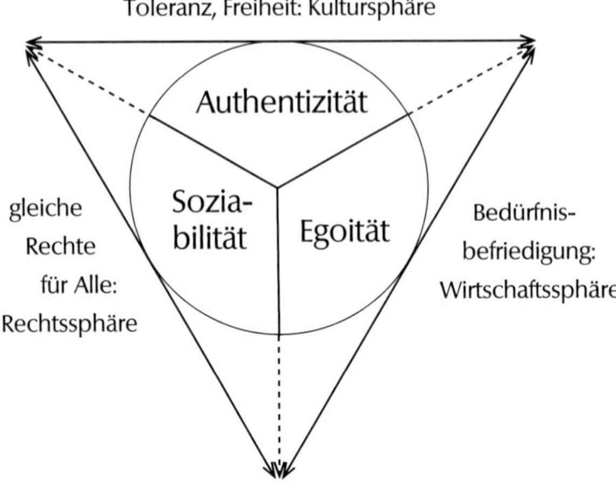
Toleranz, Freiheit: Kulturssphäre
Authentizität
Sozia-
bilität
Egoität
gleiche
Rechte
für Alle:
Rechtssphäre
Bedürfnis-
befriedigung:
Wirtschaftssphäre
Persönlichkeit / Individualität und soziales Umfeld

# Gemeinschaft veranlagen

## 20. Rechte und Pflichten*

*Folglich gilt es,*
*ein Gleichgewicht zu finden*
*zwischen universalen, individuellen Rechten und dem Allgemeinwohl,*
*zwischen dem Selbst und der Gemeinschaft.*

Amitai Etzioni (40)

Im Leben in Familien, Gruppen, Einrichtungen und Unternehmen wird man im Allgemeinen erwarten
› einen toleranten und freiheitlichen Gedankenaustausch,
›› die Gestaltung und Wahrung gleicher Rechte für alle Beteiligten und
››› ein an Bedürfnissen der Beteiligten und an den Erfordernissen der Natur orientiertes Wirtschaften (39).

Die Realisierung dieser Ziele erfordert Rechtsverhältnisse für die zusammen arbeitenden Menschen. Die Qualität des „Rechtslebens" ist deswegen so bedeutend für jede Zusammenarbeit, weil es als Mittler zwischen *Kultur* (der Welt der Ideen und Innovationen) und *Wirtschaft* (der Sphäre des Tätigwerdens und Realisierens) die „Herzmitte" jeder Gemeinschaft gestaltet (10). Diese Mitte soll im allgemeinsten Sinn Menschlichkeit veranlagen. In diesem Sinn dient das Rechtsleben in einer Gemeinschaft dazu, einen Begegnungsraum zu schaffen, in dem jeder Mitwirkende
› echte Chancen für eigene, persönliche Entwicklung finden kann,
›› seine Fähigkeiten weitgehend aktivieren und einbringen kann,
››› seinen Teil dazu beitragen kann, die Ziele der Gemeinschaft oder des Unternehmens zu verwirklichen.

---

* Die Inhalte der Kapitel 20 bis 25 entsprechen weitgehend:
Grundsätze und Anregungen zur Rechtsgestaltung von Initiativen, Einrichtungen und Unternehmen, entwickelt von einer Arbeitsgruppe des Arbeitszentrum München in der Anthroposophischen Gesellschaft in Deutschland e.V.

Mit diesen Zielsetzungen sollte jede Initiative, jedes Unternehmen ein spezifisch gestaltetes Rechtsleben entwickeln. Es muss aus Gesprächen entwickelt, gemeinsam beschlossen und in Achtung vor den Rechten anderer gelebt werden.

Es erfordert generell die Realisierung folgender Grundsätze:
1. Rechte und Pflichten jedes Mitwirkenden müssen sich die Waage halten, das heißt angemessen und ausgewogen sein.
2. Dies wird realisiert durch Absprachen, Vereinbarungen und Regeln: Sie bedürfen, wenn sie über den Tag hinaus wirken sollen, der Schriftform, müssen von den Betroffenen als Selbstverpflichtung verstanden werden.
3. Es soll Einsicht und Urteilsfähigkeit Aller achten und fördern.
4. Es soll darauf ausgerichtet werden, dass das Leitbild, die Ziele und Aufgaben des Unternehmens verwirklicht werden können.

5. Es soll „dreigliedrig" gestaltet sein mit den drei Bereichen
› „rechtsschöpfende Sphäre", die kreativ den Zielen und Aufgaben gemäße Strukturen, Regelungen und Vereinbarungen aus geistiger Einsicht schafft,
›› am täglichen Leben orientierte eigentliche „Rechtssphäre", in der jeder seine Rechte und Pflichten wahrnimmt und in der Recht verbindlich festgestellt wird,
››› eine dem Wirtschaftsleben entsprechende „Realisierungssphäre", in der die als rechtmäßig festgestellten Entscheidungen ausgeführt werden.

Damit lassen sich in Satzungen, Geschäftsordnungen und Arbeitsvereinbarungen rechtswirksame Strukturen für allgemein menschliche Kooperation schaffen, mit der die oben genannten Ziele erreicht werden können. Die ausgeglichene Gestaltung aller drei Sphären fördert die Selbstentwicklung der Mitwirkenden im Hinblick auf eine Struktur des Ich/Selbst mit drei in Balance befindlichen Dimensionen.

## 21. Rechtsverhältnisse gestalten

*Jeder Mensch ist geneigt, die Gewalt, die er hat, zu mißbrauchen und er geht so weit, bis er Schranken findet.*

Charles de Secondant Montesquieu

Im täglichen sozialen Miteinander kommt es weiter darauf an, in einer solchen Rechtsstruktur mit folgenden Grundsätzen bewusst zu leben und zu arbeiten:

1.

In der Gestaltung der Arbeitsprozesse soll darauf geachtet werden, dass jede dieser drei Sphären jeweils drei Funktionsbereiche umfasst, in der Rechtssphäre sind dies

› schöpferische – beschließende – kommunizierende Funktionen,

›› wahrnehmende -- empfindende -- urteilende Aktivitäten,

››› Ressourcen-schonende Prozesse der Realisierung.

2.

Rechtssicherheit entsteht durch regelgerechtes Verhalten von Mensch zu Mensch; Verstöße gegen vereinbarte Regeln gefährden sie. In diesem Bewusstsein müssen sich alle Mitglieder *selbstverpflichtet* sehen, dem angemessen zu handeln. Die Gemeinschaft muss Verantwortliche ernennen, die bevollmächtigt sind, bei Verstößen zu mahnen oder Sanktionen zu verhängen. Ein solches *Amt* wird von der Gemeinschaft verliehen und erfordert *Rechenschaft* gegenüber der Gemeinschaft. Damit entstehen de facto hierarchische Strukturen – sie sind erforderlich, damit dauerhaft vereinbarte Pflichten und Rechte für alle realisiert werden.

3.

Um Machtanhäufungen zu begrenzen, sollen Verantwortlichkeiten auf mehrere Mitglieder verteilt und auf begrenzte Zeit vergeben werden.

4.

Die Gestaltung der Arbeitsprozesse im Sinne einer dreigliedrigen Unternehmenskultur erfordert dem
gemäß in den Begriffen der Unternehmensführung:

› *Teamarbeit* zur Entwicklung der Geistessphäre, in die jeder sich in freier Weise kreativ einbringen kann, damit Innovationen entstehen;
›› *Führung, Leitung* zur Schaffung eines qualifizierten Rechtslebens;
››› *Delegation der Verantwortlichkeit,* damit Beauftragte eigenverantwortlich Beschlüsse realisieren und damit Wirtschaftssphäre schaffen können.
5.
Die drei sozialen Modalitäten müssen gleichgewichtig entwickelt und gepflegt werden, damit eine ganzheitliche soziale Kultur entsteht: Da der Mensch konstitutionell auf Ganzheit veranlagt ist, wird er in seiner individuellen Entfaltung und Entwicklung gestört oder behindert, wenn sein soziales Umfeld einseitig geprägt ist. Dominiert einer der drei Bereiche oder ist einer von ihnen diskriminiert, erleben Betroffene daher Unheil und Unmenschlichkeit, es entstehen Aggressionen, Konflikte und im Extremfall Mobbing.

Jede gemeinsame Arbeit sollte auf diesen Grundsätzen aufbauen, damit jeder sich in der Gestaltung seiner Rechte und Pflichten als Mensch ganzheitlich erleben und mit seinen Fähigkeiten voll in die Arbeit einbringen kann. Das Ziel eines qualifizierten Rechtslebens sollte sein, tiefes Wohlempfinden zu veranlagen – denn es bildet die Mitte, das *Herz* jeder Gemeinschaft.

Ist es missgestaltet, erkrankt es, dann erkalten die Beziehungen, dann fügen sich die Menschen seelische Verletzungen zu. Damit wird nicht nur seelisches Missbehagen verursacht, sondern auch die Leistungsfähigkeit der Gemeinschaft, der Initiative oder des Unternehmens abgebaut -- schlussendlich entstehen Existenzkrisen und droht die Auflösung!

## 22. Rechtsverhältnisse praktizieren

*Achte und wahre die moralische Ordnung der Gesellschaft*
*in gleichem Maße, wie du wünschst,*
*dass die Gesellschaft deine Autonomie achtet und wahrt.*

Amatai Etzioni (40)

Um ein qualifiziertes Zusammenwirken der drei Lebensfelder zu veranlagen, hat sich in einer Waldorfschule eine soziale Gestaltung bewährt, die in *Arbeitskreisen* Beratung, Beschlussfassung und – so weit als möglich -- Durchführung vereint (39). Die Mitglieder der Arbeitskreise

› müssen sich aus freiem Entschluss zur Mitwirkung bereit finden und sollen (wenn nicht besondere Belange Vertraulichkeit erfordern) öffentlich tagen, damit auch andere ihre Ideen einbringen können,

›› nach einer selbst geschaffenen Geschäftsordnung beraten und beschließen,

››› die Beschlüsse der Gemeinschaft bekannt geben und, so weit als möglich, selbst ausführen.

Damit werden

› viele Ideen und Lösungsansätze gewonnen,

›› Kompetenz und Verantwortung zusammengeführt und

››› effiziente Arbeitsweisen (mit geringem Zeitaufwand!) ermöglicht.

Die Mitglieder jedes Arbeitskreises geben sich ihre Geschäftsordnung nach den Grundsätzen, wie sie hier dargestellt sind. Darin regeln sie, ihren Wirkungsbereich, wie sie sich konstituieren, informieren, besprechen, wie sie Beschlüsse fassen und diese vertreten, welche Rechte und Pflichten Gäste haben...

Monatlich einmal gibt es ein Forum, in dem alle Mitglieder der Schulgemeinschaft Fragen stellen, Anregungen geben und Kritik üben können. An diesem *Jour fixe* soll jeder Arbeitskreis mit wenigstens einem Mitglied vertreten sein, damit Fragen beantwortet und Anregungen weitergegeben werden können.

In der jährlichen Mitgliederversammlung müssen sowohl der Vorstand, als auch die Arbeitskreise Bericht erstatten und entlastet werden. Die Aufgaben des Vorstands werden bei dieser Gestaltung so definiert, dass er alle Aufgaben wahrnimmt, die nicht durch ein anderes Gremium geleistet werden, dass er berät und beschließt über Angelegenheiten, die drei oder mehr Kreise betreffen. Außerdem kann jeder Kreis beantragen, dass der Vorstand bestimmte Problemfelder aus dessen Wirkungsfeld aufgreift.

Da die Beschlüsse jedes Kreises für die ganze Gemeinschaft verbindlich sein müssen (was in der Satzung zu verankern ist!), kommt es darauf an, dass alle Beteiligten besondere soziale Wahrnehmungsfähigkeiten entwickeln, über die Rudolf Steiner sagte:

*„Heilsam ist nur, wenn im Spiegel der Menschseele sich bildet die ganze Gemeinschaft, und in der Gemeinschaft lebet der Einzelseele Kraft".*

Die Gestaltung von Arbeitsprozessen im Sinne dieser angestrebten Rechtskultur erfordert von allen Mitwirkenden ein Bewusstsein für die Bedeutung der Vertrauenskräfte in der Gemeinschaft. Die Mitwirkenden werden dem gerecht durch regelmäßige, *Mitte-bildende* Beratungen, in die sich jeder in freier Weise kreativ einbringen kann. In einem solchen Beratungsgeschehen tragen alle dazu bei, dass eine inspirierende, erneuernde und sinnstiftende Geistesgegenwart entstehen kann (41).

Damit können *michaelische Kräfte* in der Gemeinschaft geweckt werden: Das Bild Michaels mit der Waage und dem Schwert kann immer wieder als erlebbare Kraft wirken, wenn sich die Mitwirkenden in ihrer Mitverantwortung erleben und die Beziehungen zueinander

› aus inspirierender Erkenntnisarbeit,

›› mit im Gleichgewicht stehenden Rechten und Pflichten gestalten

und wenn sie

›››*„die Not des Mitmenschen zur Maxime eigenen Handelns machen"* (Rudolf Steiner, 23).

(39) K.-D. Bodack: Gestaltung des Rechts: Erfahrungen und Grundsätze. Erziehungskunst, Heft 2, 2006 Stuttgart

(40) Armitai Etzioni: Die Verantwortungsgesellschaft - Individualismus und Moral in der heutigen Demokratie, Frankfurt, 1997

(41) Friedrich Glasl: Das Unternehmen der Zukunft, Moralische Intuition in der Gestaltung von Unternehmen, Stuttgart, 1994

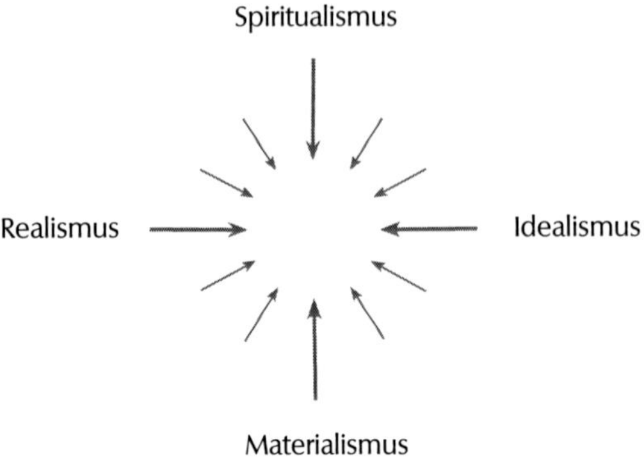


Blickrichtungen auf die Wahrheit (42)

# Gemeinsamkeit schaffen

## 23. Geisteskultur veranlagen

*Solange uns eine absolute Wahrheit nicht zugänglich ist,*
*müssen wir uns damit begnügen,*
*dass die relativen Wahrheiten einander korrigieren.*
Victor E.. Frankl

Gilt es in der Rechtssphäre einer Gemeinschaft das Ideal der „Gleichheit" zu veranlagen, so ist es das Ideal der „Freiheit", das die Kultursphäre bestimmen sollte.

Ziel jeder freien Forschung, jedes freien Gesprächs sollte es sein, *Wahrheiten* zu finden. Deren gibt es viele – oft so viele, wie es Mitglieder einer Gruppe gibt!

Was als *Wahrheit* erlebt oder gefunden wird, hängt von der individuellen Sichtweise ab, von der *Weltanschauung*, die jeder Einzelne individuell pflegt und für sich in Anspruch nimmt.

Victor Frankl stellt in seinem Vortrag „Determinismus und Humanismus" (3) die elementare Beobachtung an den Anfang, dass ein Zylinder von vorne gesehen ein Rechteck zeigt, von oben gesehen einen Kreis, und weist damit darauf hin, dass die Wahrheit von der Sichtweise abhängt.

Rudolf Steiner stellte zwölf grundsätzliche Weltanschauungen dar, die im Denken begründet werden können und daraus alle ihre Berechtigung gewinnen (42). Alle zwölf erscheinen daher notwendig, will man die Wahrheit in umfassenden Sinn durch Denken erkennen. Jede gibt es wiederum in vielen individuellen Nuancen. Verbindet man die zwölf grundsätzlichen zu einem Kreis (wie dies Rudolf Steiner skizzierte) findet man mit den gegenüber liegenden Anschauungen *Polaritäten*, die sich bedingen: Gemeinsam helfen sie, *Wahrheit* zu erkennen!

Diese Darstellung kann dazu anregen, auch in einer Gruppe *Erkenntnisgespräche* so zu führen, dass jeder in freier Weise seine Sicht auf die Dinge und Ereignisse darstellt. Wahre *Geisteskultur* entsteht erst, wenn möglichst viele und möglichst verschiedene Standpunkte und Sichtweisen in Erscheinung treten.
Die jeweils Zuhörenden müssen sich die nicht leichte Aufgabe stellen, alle Darstellungen vorurteilsfrei und ohne jedes Urteil aufzunehmen, innerlich zu bewegen und nur Fragen zum Verständnis zu stellen.
Danach kann es eine kritische Würdigung jeweils anderer Standpunkte geben: Hinweise auf Verwandtes, Aufzeigen von Widersprüchen innerhalb einer Weltanschauung.
Erst im weiteren Verlauf des Gesprächs sollten dann Gemeinsamkeiten und Differenzen besprochen werden – wobei stets der Reichtum verschiedener Sichtweisen gewürdigt werden sollte.

Hilfreich ist hier, wenn der Gesprächsleiter auf einem Flip-Chart die wichtigsten Stichpunkte einer Darstellung notiert und danach die Blätter nebeneinander aufhängt. Er muss darauf achten, dass im ersten Teil keine Wertungen erfolgen – sie würden es zurückhaltenden Teilnehmern erschweren, mutig und klar auszusprechen, was sie denken. Nur in einer respektvollen Atmosphäre können alle ihre *Authentizität* entwickeln, indem sie ihre individuellen Sichtweisen und Auffassungen darstellen.

Das gilt grundsätzlich auch für die in Betrieben oft praktizierten Teambesprechungen. Hier treffen sich Mitarbeiter aus verschiedenen Hierarchieebenen, um Probleme zu besprechen mit dem Ziel, möglichst viele innovative Lösungen zu finden. Auch hier muss der Gesprächsleiter dafür sorgen, dass jede – auch zunächst unsinnig erscheinende – Idee aufgenommen und erst einmal kritiklos notiert wird (43).

Erst danach sollte ein gemeinsames Abwägen beginnen: Es erfordert Kriterien für die Wahl relevanter Aspekte, die aus der Situation, aus dem jeweiligen Problem gewonnen werden müssen.

# 24. Beraten und beschließen

*Soziale Wissenschaften sind,*
*genau genommen, okkulte Wissenschaften.*
*Sie richten sich auf Verborgenes, Unsichtbares.*
*Hat denn schon jemand einmal eine menschliche Beziehung gesehen?*
*Es gibt Wahrnehmungen,...aber Beziehungen selber*
*sind unsichtbar, übersinnlich.*

Lex Bos

Beschlüsse in Initiativen, Einrichtungen und Unternehmen, die für alle verbindlich sein sollen, werden – mit Ausnahme derjenigen in delegierten Aufgabenfeldern – in gemeinsamen Versammlungen gefasst. Damit sich auch hier *Geisteskultur* entwickeln kann, müssen Sachverhalte möglichst aus verschiedenen Sichtweisen ggf. mit Entscheidungsalternativen dargestellt werden. Dies erfordert oft komplexe und umfangreiche Darstellungen: Sie sollten vorab den Teilnehmern zur Kenntnis gegeben werden, damit diese urteilsfähig werden können.

Übersteigt der Diskussionsbedarf die zur Verfügung stehende Zeit, können die Teilnehmer entsprechend ihren Interessen verschiedene Gruppen bilden, die bestimmte Anliegen oder Anträge beraten und darüber Voten bilden: Diese kann jede Gruppe ins Plenum einbringen.

Damit alle Teilnehmer gleiche Rechte der Meinungsäußerung erhalten, muss ein Gesprächsleiter ernannt werden: Er wirkt in der Rechtssphäre und soll daher gewählt werden. In dieser Eigenschaft kann er sich nicht an der Diskussion beteiligen: Will er dies, muss er sein Amt (ggf. vorübergehend) einem anderen übertragen.

Versammlungen benötigen, damit sich Geisteskultur entwickeln kann, genügend Zeit. Damit die zeitlichen Belastungen für die Teilnehmer nicht untragbar werden, muss die Dauer begrenzt werden. Die Rechtssphäre hat die Aufgabe, zwischen den widerstrebenden Forderungen zu vermitteln und entsprechende Vereinbarungen zu schaffen.

Auch in Versammlungen gilt es, die drei *Sphären* zu verwirklichen: Der Versammlungsleiter muss eingreifen, wenn Beteiligte sich unzulässig äußern, vor allem, wenn das Ansehen und die Würde anderer angegriffen werden:

› Die *Freiheit der Meinungsäußerung* gilt für Inhalte des *Geisteslebens.*

›› Das Ideal der *Gleichheit* muss in Abläufen und Verfahrensweisen zur Geltung kommen, auch die Gesprächsinhalte müssen vor allem dem *Grundrecht auf Unverletzlichkeit der Person* gerecht werden.

››› *Brüderlichkeit* entsteht durch das Aufnehmen der Bedürfnisse der Anderen, z.B. durch verständliches Sprechen, Beschränkung der Redezeit mit Rücksicht auf diejenigen, die noch zu Wort kommen wollen.

Über *Wahrheit* kann man nicht abstimmen: sie unterliegt dem individuellen Urteil jedes Einzelnen - eine Gruppe kann bestenfalls *Dissens* oder *Konsens* wahrnehmen oder feststellen!

*Abstimmungen* sind nur in der Rechtssphäre angebracht, nämlich dann, wenn in einer Gemeinschaft Handlungsmaximen gefordert sind. Der Modus der Abstimmungen – einstimmig/einmütig/mehrheitlich -- und die zu fordernden Mehrheiten sind vorab zu vereinbaren. Gibt es Alternativvorschläge, müssen sie gleichberechtigt vorgestellt und zur Wahl gestellt werden. Die in einer Abstimmung unterlegene Minderheit muss sich verpflichtet sehen, der beschlossenen Handlungsmaxime, auch wenn sie diese für unzureichend hält, zu folgen. Dies gilt nicht, wenn der Beschluss gegen Wertvorstellungen oder religiöse Überzeugungen Einzelner verstößt: In diesem Fall müssen Wege gesucht werden, die Betreffenden von der Mitwirkung zu befreien.

Aufgaben und Ämter werden von der Gemeinschaft durch Beschlüsse an Einzelne übertragen. Damit wird Verantwortlichkeit delegiert, also die Wirtschaftssphäre entwickelt. Solche Beauftragungen sind Rechtsakte und bedürfen möglichst einmütiger, mindestens jedoch mehrheitlicher Zustimmung. Sie werden in Vereinbarungen gegossen, die Rechte und Pflichten festlegen.

## 25. Effizient arbeiten

*Lust und Liebe*
*sind die Fittiche zu großen Taten.*
J.W. von Goethe, Iphigenie auf Tauris

Arbeiten durchführen, Dienste leisten, Produkte herstellen... alles das sind letztlich Aufgaben, die von einzelnen Mitgliedern einer Initiative, einer Einrichtung, eines Unternehmens geleistet werden müssen (43). Damit dies rechtsverbindlich im Namen der Gemeinschaft geschehen kann, müssen die Aufgabenbereiche einzelnen individuell übertragen werden. Dies geschieht in Unternehmen meist mit Hilfe von *Stellenbeschreibungen.* Der betreffende Stelleninhaber übernimmt die darin genannten Rechte und Pflichten in dem für in bestimmten Aufgabenbereich.

Damit geschieht eine *Delegation der Verantwortlichkeit.* Jeder Mitwirkende muss eine solche Delegation erfahren. Er verpflichtet sich damit, seine Aufgaben gegenüber der Gemeinschaft, den Kunden, der Gesellschaft so gut wie möglich zu leisten und dafür so wenige Ressourcen – das sind Lebenszeit, Rohstoffe, Energien...– wie möglich zu verbrauchen.

Was ist zu tun, wenn jemand in einem solchen Rahmen seine Aufgaben nicht gut erfüllt, wenn er Fehler macht?

Jedem muss bewusst sein, dass kein Mensch fehlerfrei arbeiten kann -- daher ist in jeder Gemeinschaft *Fehlertoleranz* unabdingbar.
Wichtig ist dabei, dass über Fehler offen und ohne Verletzung der Verursacher gesprochen wird. Dazu können die Verabredungen beitragen:
› Wir machen Fehler, um daraus zu lernen, um besser zu werden,
›› wir machen den gleichen Fehler nicht mehr als zwei Mal und
- das sollte humorvoll augesprochen werden:
››› wir erfinden stets neue Fehler, um Mut, Kreativität zu zeigen, um besser zu werden und um uns weiter zu entwickeln!

Wiederholte Fehler zeigen, dass der Delegationsbereich, den ein Mitwirkenden übernommen hat, möglicherweise dessen Fähigkeiten übersteigen. In diesem Fall muss sein Fähigkeitspotenzial durch Schulung erweitert oder müssen Teile der Aufgaben an Andere übertragen werden.
Bei der Durchführung delegierter Arbeit muss der jeweilige *Vorgesetzte* sich als *Dienstleister* seiner Mitarbeiter fühlen: Er muss die notwendigen Arbeitsbedingungen schaffen, Informationen und Werkzeuge bereitstellen: Der Vorgesetzte muss den Mitarbeitern dienen! Ist dies nicht oder nicht ausreichend gegeben, kann auch das Ursache für Fehler sein.

Oberstes Gebot jeder Arbeits- und Organisationsgestaltung, die alle Fähigkeiten der Mitwirkenden aktiviert und die darauf zielt, eine „menschliche" Kultur zu schaffen, ist daher die Aktivierung aller drei Rollen in der Zusammenarbeit (43):
› Teammitglied sein, in gleicher Augenhöhe anderen zuhören und mit ihnen Gespräche pflegen;
›› Führung praktizieren, Rechte und Pflichten gemäß vereinbarten Regeln erfüllen und einfordern;
››› Selbstmotiviert und eigenverantwortlich im eigenen Arbeitsfeld so arbeiten, dass die Bedürfnisse anderer erfüllt werden!

Auch ein Gespräch gewinnt eine gute Struktur, einen guten Verlauf, wenn es in drei Phasen mit der richtigen Reihenfolge gegliedert wird,:
› Beschreibungen von Zuständen, Beobachtungen, Abläufen, „was war?", „was ist?", diese Phase wird oft *Bildgestaltung* genannt;
›› Wie steht jeder der Teilnehmer dazu, wie wirkten die Ereignisse auf ihn, welche Einschätzungen, welche Gefühle wecken die Fakten? Hier wird in Ich-Form Stellung genommen, die Stellungnahmen Anderer werden offen und interessiert aufgenommen;
››› Welche Ziele haben wir, was tun wir, wer übernimmt welche Aufgaben? Dies ist die Phase der Beschlussfassung, die dann erfolgreich sein wird, wenn die vorhergehenden Phasen ausreichend gepflegt wurden.

(42) Rudolf Steiner: Der menschliche und der kosmische Gedanke, Vorträge 1914, Dornach (Schweiz), 2000

(43) Karl-Dieter Bodack: InterRegio, die abenteuerliche Geschichte eines beliebten Zugsystems., Freiburg, 2005

| *ICH-Dimensionen* | *Authentizität* | *Soziabilität* | *Egoität* |
|---|---|---|---|
| *Seelenfähigkeitsbereiche* | *Wahrnehmen & Denken* | *Empfinden & Fühlen* | *Reagieren & Wollen* |
| Soziale Modalitäten | Freiheit | Gleichheit | Solidarität |
| **Arbeitsmodalitäten:** | **Teamarbeit** | **Hierarchie** | **Delegation** |
| | **Gesprächskultur** | **Führung Aufsicht** | **der Verantwortung** |
| Führungskräfte leisten: | Koordination | Leitung | Dienst für Andere |
| Mitarbeiter leisten: | Problemlösung. Engagement | Kooperation Konflikt-vermeidung. | Marktorient. Wirtschaftlichkeit |
| Unternehmen schafft: | Innovationen | Kooperation | Effizienz |
| basierend auf: | Rechtsleben | Geistesleben | Rechtsleben |
| *weil:* | *jeder muss gleichberechtigt sein* | *Regeln aus Erkenntnis zu entwickeln* | *Vereinbarungen sind notwendig* |
| Realisiert durch: | Wirtschaftsleben | Wirtschaftsleben | Geistesleben |
| *weil:* | *Andere ermöglichen die Arbeit* | *Realisierung erford. Einsatz und Mittel* | *Fähigkeiten sind erforderlich* |

## Gemeinschaftlich leben und arbeiten

## 26. Zusammenarbeit gestalten

*Ein Merkmal deutscher Kulturgeschichte ist*
*die Drosselung der Entfaltung der Potenziale aller*
*in der Vorstellung, einige wenige...*
*würden als Lokomotive ausreichen,*
*um beliebig viele funktionierende Wagen*
*an- und (ab-) zu hängen*

Otto Herz in a tempo 8/2004

Wie können die drei Ideale, die drei Dimensionen des sozialen Lebens, die drei Organisationsmodalitäten in die tägliche Praxis einer Gruppe, einer Initiative oder eines Unternehmens kommen?

Die nebenstehende Übersicht mag die Zusammenhänge darstellen. Da für eine qualifizierte Arbeitsleistung stets alle drei Bereiche erforderlich sind, müssen sie für jeden verfügbar sein. Jede Aufgabe sollte danach beurteilt werden, in welchen der drei Bereiche sie primär gehört:
› Probleme, für die ad hoc noch keine Lösungen vorliegen, erfordern *Teamarbeit,* in die sich alle mit ihren Gedanken und Ideen einbringen können, unabhängig von Ihrem Status und ihrer Position;
›› Situationen, die durch Gesetze, Regeln erfasst sind, verlangen *Führung und Leitung,* damit alle Beteiligten gleiche Rechte erfahren;
››› Aufgaben, die wahrzunehmen sind, machen *Delegation der Verantwortung* notwendig: Hier gilt es, Kundenorientierung und Verantwortung gegenüber dem eigenen Unternehmen wahrzunehmen. Darüber hinaus muss der zweckentsprechende Gebrauch der Ressourcen von jedem Mitwirkenden individuell verantwortet werden.

In der täglichen Praxis der Zusammenarbeit gilt es, diese drei Modalitäten situationsgerecht so einzusetzen, dass sie jedem ermöglichen, seine Fähigkeiten bestmöglich in die Arbeitswelt einzubringen.

Damit entstehen dann im Sozialen drei Leistungsfähigkeitsbereiche
› Innovationen zur Lösung der aufkommenden Probleme,
›› reibungsloses Zusammenwirken,
››› kundenorientierte und effiziente Arbeitsleistung.
Wie gut diese drei Arbeitsfelder in jedem Einzelfall entwickelt sind, lässt sich mit Interviews der Beteiligten feststellen. Daraus können dann Entwicklungsschritte in der Organisation, für das Führungsverhalten und in der Fähigkeitsschulung abgeleitet werden.

Eine Initiative, eine Einrichtung oder ein Unternehmen arbeitet dann am besten, wenn möglichst alle Fähigkeiten der Mitwirkenden für die gemeinsamen Ziele aktiviert werden. Das kann gelingen, wenn die drei dargestellten Modalitäten in richtiger Balance und in der für den jeweiligen Arbeitsplatz optimalen Dimensionierung realisiert werden.
Ein Unternehmen mit innovativen Zielsetzungen erfordert im täglichen Arbeitsleben mehr Teamarbeit als eine Verwaltung. Eine solche muss das Schwergewicht in der Führungsstruktur haben. Ein Dienstleistungs- oder Produktionsunternehmen muss vor allem die Delegation kultivieren.
In jedem Fall gilt: Alle Mitwirkenden benötigen, damit überhaupt eine menschliche Arbeitsatmosphäre entstehen kann, alle drei Dimensionen; ihre Bemessung richtet sich nach den Aufgaben.

Daraus könnte der Schritt für ein *dreigliedriges* Einkommen entstehen:
› Ein frei-vereinbartes Grundgehalt, das der individuellen Vorbildung, den Erfahrungen und Kenntnissen gerecht wird,
›› Ein weiterer Teil, der dem Verantwortungsbereich entspricht, dem Wirkungsbreich als Vorgesetzter und Führungskraft,
››› ein dritter Teil, der den Markterfolg spiegelt: Er wird zeitnah und konkret ermittelt aus den Erlösen, vermindert um die Erlösanteile, die Dritten an der Erzeugung zukommen, durch „gerechte“ Teilung, d.h. proportionale Verteilung auf alle, die an der Produktion mitwirkten (z.B. anhand des individuellen Stundenanteils). Ansätze zu einer solchen Gehaltsstruktur zeigten sich durchaus möglich und erfolgreich (43,52).

## 27. „Gewaltfrei kommunizieren“

*Tue nichts, was nicht Spiel ist!*
*Selbst harte Arbeit sollte Spiel sein!*
Marshall B. Rosenberg

Diese Worte, ausgesandt von dem Amerikaner Marshall B. Rosenberg, gehen seit einiger Zeit um die Welt. Was schlägt er vor?

Seine Bücher, Vorträge, Seminare bauen auf einer Seelen- und Selbsterkenntnis bei der Kommunikation auf (44,45). Er findet dabei im Wesentlichen vier Schritte, die zu einer förderlichen Kommunikation führen:

1. Welche Fakten, Ereignisse beobachte ich ?
2. Wie erlebe ich sie, wie erfühle ich sie, wie wirken sie auf mich?
3. Was wünsche ich, welche Bedürfnisse habe ich, welche Werte bewegen mich?
4. Worum will ich den anderen bitten? Ganz konkret und jetzt! Freilassend – ohne zu fordern!

In diesen vier Schritten spiegelt sich die dreigliedrige Seelenstruktur:

1. Wahrnehmen und Denken, jedoch ohne zu urteilen;
2. Empfinden und Fühlen, schafft Wechselbeziehungen von mir zum Anderen;
3. Aktiviert den Willen und verbindet die Seelenebene mit dem Ich;
4. Synthese aus dem Dreischritt als Zuwendung zum Gesprächspartner, indem eine Bitte an ihn gerichtet wird: Dies soll einen Brückenschlag schaffen, der „Brüderlichkeit“ entwickelt.

Dazu muss der eigene Wille treten, den Anderen nicht zu dominieren, keine Macht auszuüben – sei es durch Urteile, Lob, Tadel oder durch Wecken von Schuldgefühlen. Denn Gewalt erzeugt Gewalt – meist wachsend von Schritt zu Schritt! Geschieht dies, spricht Rosenberg von der *Wolfssprache* in der Kommunikation.

Es kommt Rosenberg darauf an, den Anderen zu verstehen, *Empathie* für ihn zu entwickeln. Das kann durch Fragen entstehen, die seine Beobachtungen, Gefühle, Wünsche und Werte erforschen. Dazu schlägt Rosenberg die *Giraffensprache* vor – so genannt, weil Giraffen das größte Herz aller Lebewesen haben.

Rosenberg hat die überragende Bedeutung des *Dankens* und *Bittens* für die Kommunikation und Kooperation entdeckt: Dies sind wichtige menschlichen Modalitäten, die Gewaltfreiheit schaffen.

Er sieht in Lob und Tadel soziale Risiken, da sie Überheblichkeit wecken und zu sozialer Machtausübung führen können. Damit meint er sicher nicht die Anerkennung oder die konstruktive Kritik, die ein Lehrer seinen Schülern oder die ein Lebenserfahrener seinen jüngeren Berufspartnern zukommen lässt. Diese gehören unabdingbar zur sozialen Kommunikation, zum Lernen und zum Erfahrungsaustauch.

In seiner Arbeit spiegeln sich reiche Erfahrungen und Erkenntnisse, die weit über die akademische Psychologie hinausgehen. Er verhehlt nicht, dass weitere Hindernisse auftreten: Dass beispielsweise eine positiv-empathische Botschaft beim Anderen mit *Wolfsohren* aufgenommen und missverstanden werden kann.

Rosenberg kann dramatische Erfahrungen berichten, die er in Israel, mit Kroaten und Serben und in afrikanischen Ländern erlebt hat. Im nachfolgenden Zitat drückt er aus, was im Kontext dieses Buches als Christuswirken im eigenen Selbst bei Gesprächen mit anderen Menschen erlebt werden kann:
*Ich bin es nicht,... kann diese Wunden nicht heilen... .Aber das Gute ist, dass wir selber gar nichts tun müssen. Wenn wir empathisch verbunden sind, fließt die göttliche Energie durch uns hindurch und tut es.*
*Ich glaube, wir alle haben diese Kraft in uns, sie ist einfach da.*
*Wir sind nicht immer damit verbunden, der Zugang ist oft verstellt."*

## 28. Wissenschaft erweitern

*Das Modell vom Menschen als einem Homo Oeconomicus,*
*auf das sich die Mehrzahl der Ökonomen stützt,*
*hat sich zum positiven Leitprinzip entwickelt –*
*Es verändert den Menschen selbst,*
*anstatt ihn zu beschreiben.*

Harald Klimenta (46)

Die akademische Welt der Volks- und Betriebswirtschaft mit all ihren Ästen und Ablegern basiert offensichtlich seit Adam Smith auf der Vorstellung des Menschen als einem primär egoistischen Wesen (46). Smith entdeckte und beschrieb die Wirtschaft als Balance der individuellen *Egoismen*: Wenn jeder um sein eigenes Wohl und seinen materiellen Vorteil kämpfe, so entstehe *Gemeinwohl,* indem Waren bester Qualität zu niedrigsten Preisen geschaffen würden. Dies erscheint zunächst überzeugend und durch viele Erfahrungen belegt. Hilfebedürftigen, die sich an dem allgemeinen Kampf im Marktgeschehen nicht behaupten können, helfen dann nur Appelle an den *Altruismus*. Schon fällt man damit in einen Dualismus, indem man predigt, nicht nur egoistisch zu sein, sondern ab und zu Almosen zu geben oder sogar eine Stiftung zu gründen!

Dieses reduktionistische Menschenbild prägt bis heute Wirtschaft und Politik so sehr, dass es auf die Menschen zurückwirkt und sie tatsächlich in ihrem egoistischen Verhalten bestärkt. Die ständige Diskussion um Steuer- und Sozialhilfesätze, zuletzt Slogans wie „Geiz ist geil!“, bilden einen *Mainstream* auch im akademischen Leben. Alternative Ansätze, diese eindimensionale Sichtweise zu überwinden, gibt es selten; sie werden ignoriert, in den philosophisch-religiösen Raum verbannt und kommen im Wissenschaftsbetrieb der Betriebswirtschaft nicht zum Zuge (46).

Resultiert daraus vielleicht die Hilf- und Ratlosigkeit der etablierten Volks- und Betriebswirte gegenüber der wachsenden Verarmung weiter Bevölkerungsschichten, der hohen Arbeitslosigkeit, der Katastrophen in der

Finanzwirtschaft und den Nahezu-Staatsbankrotten? Immer wenn es für drängende Probleme keine Lösungen gibt, darf man Denk-Blockaden bei den Beteiligten vermuten: Wie lassen sie sich auflösen?

Wie wäre es, aus den vielfältigen Beispielen alternativ-Wirtschaftender, aus dem Wirken der vielen Vereine, Bürgerinitiativen und Hilfsorganisationen die Schlussfolgerung zu ziehen, dass es außer der *Egoität* weitere Dimensionen im Selbst des Menschen gibt? Dass *Altruismus* zu fordern zu einfach und zu wenig wirksam ist! Dass der Mensch vielmehr ein grundsätzliches Bedürfnis nach *Gemeinsinn* hat und dass er sein persönliches Profil, seine *Authentizität* entwickeln will?

Eine *dreidimensionale* Sicht auf den Menschen könnte im wissenschaftlichen Raum zu ganz anderen Erkenntnissen, zu ganz neuen Lösungen für die anstehenden Probleme führen: Vielleicht zu einem anderen Steuersystem, zu verantwortlicher Steuerzahlungsbereitschaft, zu anderen Rentensystemen und schließlich vielleicht sogar zum *bedingslosen Grundeinkommen* für jeden (47)! Dann wären diejenigen, die solche Utopien vertreten, keine Außenseiter mehr, dann gäbe es gemeinsame Arbeit in Wissenschaft, Politik und Gesellschaft statt der heute meist unfruchtbaren Konfrontationen!

Vor allem würde es den verhängnisvollen Trend zur immerwährenden Steigerung des Egoismus brechen: die Reichen wären dann nicht nur bewundert, sondern auch kritisch gefragt, wie sie zu ihrem Reichtum gekommen sind! Sie würden sich vielleicht selbst fragen, ob ihr Reichtum nicht Not und Elend anderer verursacht. Das soziale Leben wäre von Fragen geprägt wie beispielsweise „welche Werte lebst du?", „welche Rollen spielst du im sozialen Leben?" Es wäre dann Allgemeingut, dass *Erfolg* und *Glück* sehr viel mehr sind als Reichtum!

## 29. Liebefähigkeit gewinnen

*Jeder Mensch besitzt außerdem noch ein inneres Gesicht,*
*das er immer spürt, aber niemals sieht.*
*Das Herz ist das inwendige Gesicht unseres Lebens.*
*Des Menschen Lebensreise zielt darauf ab,*
*dieses innere Gesicht immer mehr zu verschönen.*
*Dieses Gesicht ist der Ort, an dem sich in uns die Liebe sammelt.*
*Die Liebe ist ein absolut unverzichtbares Element des mensch-/*
*lichen Lebens. Einzig die Liebe kann in uns Göttliches erwecken.*
*Durch die Liebe wachsen wir und kehren zurück in unser Selbst.*
*Dort, im Haus unserer Sehnsucht und Zugehörigkeit,*
*sind wir vollkommen eins mit uns selbst.*
*Durch dieses Wachstum und durch diese Heimkehr*
*offenbart sich das ungesuchte Geschenk im Akt der gegenseitigen Liebe.*
*Liebe beginnt, indem man Anderen Aufmerksamkeit schenkt,*
*in einem Akt des freundlichen Selbst-Vergessens.*
*Paradoxerweise ist das die Voraussetzung*
*für unser Wachstum...*

John O`Donohue (48)

*Liebe*: Ein menschheitliches Phänomen, das die Menschen beschäftigt, so lange man dies in der Geschichte zurückverfolgen kann.
Sie ist weit mehr als Zuneigung und Sympathie, die aus dem Gefühlsleben erwachsen, wenn man sich mit einem anderen Menschen, mit einem Objekt der Welt verbunden fühlt.
Liebe kommt - sagt man - *aus dem Herzen*, also ist der Liebende mit seiner Physis eingebunden (48). Sein Puls und Atemrhythmus, die Prozesse in seiner Körpermitte werden ergriffen, also wirkt sein Lebensleib, sein Vitalorganismus im Lieben mit.
Schließlich weitet *Liebe* sein Selbst in der *Dimension der Soziabilität*.
Wahre Liebe ergreift also den Menschen auf allen seinen vier Ebenen. Sie entsteht und vergeht weitgehend unwillentlich, sie entzieht sich seinem bewussten Denken, weil sie stärker ist als die seelischen Kräfte der Vernunft und des Willens.

Individuelle Verantwortung entsteht, wenn ich so handle, dass ich meiner *Liebe zu dem Objekt folge* (Rudolf Steiner, 23) – und nicht einem von außen gesetzten Zwang oder einer Moralvorstellung. In diesem Fall verbinde ich mein Selbst mit dem Teil der Welt, in dem ich handle. Ich erlebe mich als *frei*!

Meine Liebe zu einem anderen Menschen zeigt sich darin, dass ich mich um ihn sorge, dass mir sein Wohlergehen so wertvoll ist, dass ich mich dafür opfere, meine Egoität, meinen Stolz zurücknehme (49). Ja, ich kann aus Liebe mich *überwinden*. Ich stelle damit Bedürfnisse zurück, die mir aus der Psyche oder aus dem Vitalorganismus erwachsen. Damit aktiviere ich mein Selbst, erweitere meine Dimension der Soziabilität, entwickle Fähigkeiten des Gefühlslebens, ja ich werde in meinen Lebensprozessen angeregt und kann gesunden.

Das gilt ganz besonders für das *Verzeihen*: Eine Verletzung, die mir zugefügt wurde, macht mich zornig, schafft Hassgefühle, verhindert Kommunikation, macht schließlich Zusammenarbeit unmöglich! Gelingt es mir, dies zu beenden, also wahrhaft zu verzeihen, dann erstarkt mein Selbst und schenkt der Gemeinschaft eine besondere Kraft (50).

„Liebe Deinen Nächsten wie dich selbst“ ist eine Forderung im Alten Testament. Sie wurde im Neuen Testament gesteigert zu: „Liebet Eure Feinde“. Wo dies verwirklicht wird, entstehen Liebeskräfte, die es vermögen, ungeahnte Fähigkeiten in Menschen zu wecken!

Ist damit ebenfalls gemeint, dass jeder auch sich selbst lieben soll?
Ja: Handeln im Einklang mit sich selbst, aus sich heraus handeln, ein selbstbestimmtes Leben gestalten... all das setzt voraus, dass ich mich selbst unbedingt annehme, mich um mich sorge. Das geschieht in der Gegenwart: gegenwärtig leben, den Augenblick bewusst wahrnehmen ist der erste Schritt, ihn und mich in ihm zu lieben!

Letztlich heißt das, dass ich mich mit meinem *Höheren Selbst* verbinde, dass ich mein Schicksal annehme, aufnehme und zielgerichtet gestalte.

## 30. Eine bessere Zukunft schaffen

*Die Armut wurde nicht von Gott geschaffen.*
*Die haben wir hervorgebracht, ich und du*
*mit unserem Egoismus*

Mutter Teresa

Die täglichen Meldungen über Stellenabbau, Werksschließungen, feindliche Übernahmen und Konkurse von Unternehmen... schockieren immer wieder und wecken vielfältige Ängste (46)!

Dahinter lassen sich leicht Entgleisungen in der Globalisierung finden, Übertreibungen, Sucht zur Gigantomanie...: "Wir sind der Welt größter...!" Die London-Times kommentierte vor einiger Zeit das Wirken des Managements der Deutschen Bahn AG mit der Sucht zur *Megalomanie.*

Eine weitere Ursache für die Ausbeutung der Menschen in anderen Ländern ist sicher die Profitsucht von Kapitaleignern, der Wahn der Politiker, öffentliches Eigentum zu „privatisieren", zutreffender müsste es heißen „zu verkaufen" (46)!

Darüber hinaus müssen auch die Fehlleistungen vieler Unternehmen in unserem Lande wahrgenommen werden: Produkte, die „Flops" werden, verleugnete Risiken bei Arzneimitteln, der Wahn vieler Manager, weltweit Firmen aufzukaufen, damit Schulden zu machen und ihre an sich gesunden Unternehmen in Krisen zu stürzen.
Bei vielen dieser Fehlleistungen haben sicher einige der Beteiligten, vor allem die Mitarbeiter, die verheerenden Folgen vorhergesehen. Warum konnten sie die Katastrophen nicht verhindern?

Eine wesentliche Ursache liegt wohl im unzeitgemäß wiedererstandenen *Pharaonentum* oder - wie es ein Designer in Bezug auf die Deutsche Bahn einmal formulierte -- im *Scheichtum.* Wenn in einer eigenen Publikation die Deutsche Bahn als „Mehdorns Reich" bezeichnet wird, dann wird hier eine ganz unzeitgemäße Haltung und Wertung sichtbar. Dabei geraten die vielen hoch-qualifizierten Mitarbeiter zu Unrecht aus dem Blickfeld, denn sie sind es doch, die die Qualitäten der Produkte und Dienstleistungen bestimmen!

Diese verengte Sichtweise von Shareholdern, Managern und Öffentlichkeit führt in der Praxis tatsächlich zu Machtkonzentrationen, zur Anhäufung von Verantwortlichkeiten auf wenige Männer in Spitzenpositionen (Frauen gibt es da gar keine!), die, je länger umso mehr, Versuchungen erliegen, über alle hinweg zu regieren. Damit werden die reichen Fähigkeitswelten der übrigen Führungskräfte und der Mitarbeiter nur unzureichend erschlossen, oft sogar weitgehend ignoriert. Eine derartige Gesinnung muss uns im weltweiten Konkurrenzkampf massiv schaden: Wenn Mitarbeiter nur als Erfüllungsgehilfen und Kostenfaktoren gesehen werden, kann man tatsächlich gewinnträchtiger woanders produzieren!

Aktiviert eine Initiative, eine Einrichtung oder ein Unternehmen dagegen möglichst alle Fähigkeitspotenziale aller Mitwirkenden, wird in der Zusammenarbeit *Synarchie* entwickelt, so entstehen große Gemeinschaftskräfte, die auch Krisen und Konkurrenz standzuhalten vermögen (43)! Neben den täglichen Schlagzeilen, die über Defizite und Scheitern berichten, könnten viel mehr Berichte stehen, in denen Tag für Tag Menschen miteinander großartig zusammen arbeiten, und dabei nicht nur für die Beteiligten auskömmliche Lebensverhältnisse schaffen, sondern auch unser Gemeinwohl fördern und mit Freude das *Spiel* gemeinsamer Arbeit vollbringen.

Götz Werner, der Initiator und Mitinhaber der dm-Drogeriemärkte bezeichnet die Mitarbeiter und alle Aufwendungen für sie als *Investitionen* und eröffnet damit eine ganz andere Sichtweise: Gilt es doch als selbstverständlich, das Kapital eines Unternehmens durch Investitionen zu mehren und nachhaltig zu pflegen (47).

(44) Marshall B. Rosenberg: Konflikte lösen durch gewaltfreie Kommunikation; Freiburg, 2004

(45) Marshall B. Rosenberg: Gewaltfreie Kommunikation, Paderborn, 2002

(46) Harald Klimenta: Das Gesellschaftswunder – wie wir Gewinner des Wandels werden, Berlin 2006

(47) Götz W. Werner: Ein Grund für die Zukunft: das Grundeinkommen, Stuttgart, 2006

(48) John O`Donohue: Anam Cara, das Buch der keltischen Weisheit, München, 1998

(49) Harry G. Frankfurt: Gründe der Liebe, Frankfurt, 2005

(50) Sergej O. Prokofieff: Die okkulte Bedeutung des Verzeihens, Stuttgart, 1995

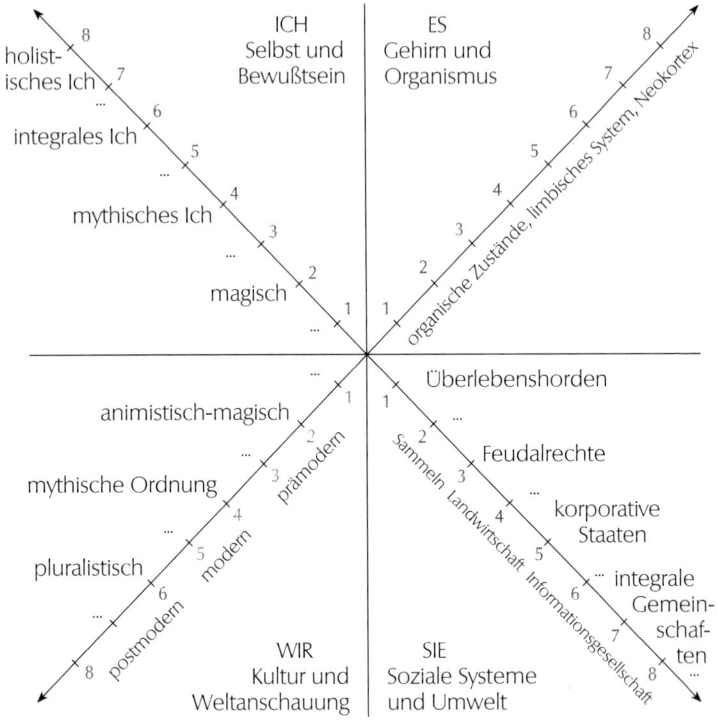

ICH
Selbst und Bewußtsein

ES
Gehirn und Organismus

holistisches Ich
...
integrales Ich
...
mythisches Ich
...
magisch
...

organische Zustände, limbisches System, Neokortex

...
animistisch-magisch
...
mythische Ordnung
...
pluralistisch
...

prämodern
modern
postmodern

Überlebenshorden
...
Feudalrechte
...
korporative Staaten
...
integrale Gemeinschaften
...

Sammeln Landwirtschaft Informationsgesellschaft

WIR
Kultur und Weltanschauung

SIE
Soziale Systeme und Umwelt

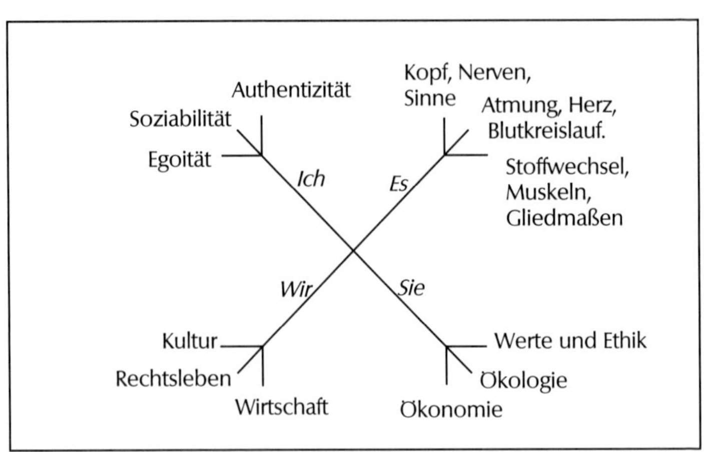

# 31. Brückenschlag zu Ken Wilber

*Wir haben gesehen,*
*dass die westliche Tradition von Anfang an*
*mit einer Reihe schmerzlicher Dualismen geschlagen war*
*und dass sich die westliche Philosophie*
*in praktisch allen ihren Formen*
*bis auf den heutigen Tag*
*auf den einen oder anderen dieser Dualismen stützt*
*(Leib/Seele, ...Subjekt/Objekt,...Bewusstsein/Gehirn).*

Ken Wilber

Ken Wilber, der zur Zeit meist diskutierte Philosoph und Geistesforscher, baut seine Vorschläge für soziales Handeln auf dem *Vier-Quadranten-System* auf, das auf der Psychologie C.G. Jungs basiert (24,51):
Darin sind links dargestellt die geistigen Sphären
› des *ICH, Selbst und Bewusstsein* sowie
› des *WIR mit der Welt der Kultur und Weltanschauung.*
Rechts stehen die zur materiellen Welt orientierten Quadranten:
› *ES, Gehirn und Organismus,*
› *SIE, soziale Systeme und Umwelt.*

Diese Sichtweise ist von der hier dargestellten *Dreigliederung* insofern verschieden, als hier der individuelle Mensch und seine Umwelt in einer Ebene dargestellt sind.

Will man eine Brücke zu der hier vertretenen Dreigliederung schlagen oder – im Sinne Ken Wilbers – eine „Integration" dieser beiden scheinbar widersprüchlichen Systeme versuchen, könnten die vier Quadranten, die Wilber linear gliedert, jeweils triadisch strukturiert werden:
ICH › *Authentizität – Soziabilität – Egoität*
WIR › *Kultur – Rechtsleben – Wirtschaft*
ES › *Kopf-Nerven-Sinne – Atmung-Herz-Blutkreislauf – Stoffwechsel-Muskel-Gliedmaßen – Systeme* (Rohen, 22)
SIE › *Werte und Ethik -- Ökologie – Ökonomie.*

Es entsteht damit eine tatsächlich noch weiter strukturierte, ganzheitliche Struktur, umfassender noch, als sie von Wilber veranlagt ist. Sie hat zwölf Wirkensfelder und kann mit einem Würfel dargestellt werden: Dessen Ecken werden aus jeweils 3 Kanten gebildet, vier diagonal gegenüberstehende Ecken haben insgesamt 12 Kanten und bilden damit die Ganzheit dieses Körpers.

Ken Wilber ist – wie andere Werke zeigen – zwar strikt, jedoch sicher nicht dogmatisch auf eine allein viergliedrige Struktur ausgerichtet. Er hat sich in den letzten Jahren mit Rudolf Steiners Werk beschäftigt und kennt daher dessen vier, jeweils dreigegliederte Ebenen des Menschen. In seinem klassischen Werk *Das Wahre, Schöne, Gute* (24, dessen Titel jedoch offensichtlich vom Übersetzer stammt), reflektiert er mehrfach dreigliedrige Strukturen:
In Bezug auf
››› Platon: *Gutes (Ethik, das ›Wir‹), Wahres und Schönes..."*;
››› Sir Poppers drei Welten, *„die objektive (ES), die subjektive (ICH) und die kulturelle (WIR)"*;
››› Habermas´ Geltungsansprüche: *„Objektive Wahrheit, subjektive Aufrichtigkeit und intersubjektive Gerechtigkeit"*;
››› Kants Trilogie: *Kritik der reinen Vernunft* (...Wissenschaft), *Kritik der praktischen Vernunft* (Moral) *und Kritik der Urteilskraft* (ästhetisches Urteil und Kunst).

Außerdem weist er im gleichen Werk darauf hin, dass er im oberen linken Feld, in dem des Bewusstseinsystems, mindestens drei Hauptkomponenten sieht:
› *Grundstrukturen,*
› *vorübergehende (transitorische) Strukturen* und
› *das Selbst.*

Vielleicht dürfen wir im weiteren Fluss seiner Arbeiten eine tiefere Fundierung der Dreigliederung erwarten?

(51) Ken Wilber: Ganzheitlich Handeln, eine integrale Vision für Wirtschaft, Politik, Wissenschaft und Spiritualität, Freiamt, 2001

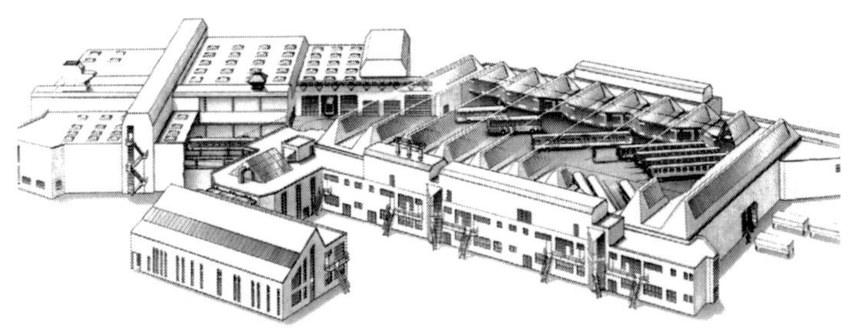

*Werk der PFA in Weiden (Oberpfalz) (43)*

Einblick

## 32. Die Märchen Goethes und Endes als Spiegel unserer Arbeitswelt*

*Erst wenn der Mensch eigene Ideen umsetzen kann,*
*wird er sich mit seiner Arbeit identifizieren -*
*wird er selbst motiviert sein, Tag für Tag aufs neue*
*das schwierige Geschäft des Dienstes am Kunden*
*bestmöglich zu leisten.*

Karl-Dieter Bodack
in der Festschrift zur Einweihung des PFA-Werks

Geburt und Entwicklung der PFA, Partner für Fahrzeugausstattung GmbH in Weiden, muten nach ein paar Jahren an wie ein Märchen:
Wie konnte es gelingen, das abgelegenste, altertümlichste, unnötigste Ausbesserungswerk, das 1985 nur noch einfachste Güterwagen reparierte, in „Europas modernste Waggonfabrik" (52) zu verwandeln?
Dies geschah in einem Umfeld, in dem die großen etablierten Waggonfabriken ihre Kapazitäten reduzierten und jahrelang Verluste hinnehmen mußten. Der Spott in der Branche und bei der DB über die „Laienspielschar in der Oberpfalz" war inzwischen einer distanzierten Neugier gewichen.

Bis 1985 sollte das Bundesbahn-Ausbesserungswerk Weiden ersatzlos stillgelegt werden: die Kapazitäten wurden nicht mehr benötigt, das Qualifikationspotential der Mitarbeiter schien für andere Arbeiten unzureichend, die 90 Jahre alten Anlagen waren völlig veraltet und teilweise stillgelegt.
Vor allem: Andere Aufgaben und Geschäftsfelder schienen der DB in Weiden nicht möglich!

---

* Vortrag, vom Verfasser gehalten auf der Tagung des Internationalen Forums Mensch und Architektur in Weiden (Oberpfalz) am 2. Juli 1993, veröffentlicht in NOVALIS, Schaffhausen, Juli/August 1997

In dieser Situation beauftragte der Vorstand der DB drei „Entrepreneure", Mitarbeiter, die aus eigener Verantwortung unternehmerisch handeln, mit der Entwicklung von Alternativen zu den vorliegenden Gutachten und Stilllegungsplänen. Auslöser waren die Proteste vor Ort und die Weigerung des Bundeskabinetts, der Stillegung zuzustimmen.

In Anbetracht der damals ganz und gar hoffnungslosen Lage, der unlösbar scheinenden Probleme ist es gar nicht so absurd, die Rolle des *Alten mit der Lampe* in Goethes *Märchen* (7) anzusehen. Darin sagt er: *„Ob ich helfen kann, weiß ich nicht, ein Einzelner hilft nicht, sondern wer sich mit vielen zur rechten Stunde vereinigt."*
Dies wurde inzwischen ein geflügeltes Wort: Wieso kann es Sinn machen, ja hilfreich sein, mit sozialen Problemen in Märchen nach Lösungen zu suchen ?

Märchen - ich meine hier die *Literaturmärchen* - sind relativ singuläre Kunstwerke. Für mich verbergen sich in ihnen die tiefsten Erkenntnisse, ja Lebensweisheiten der Autoren: Novalis, J.W. von Goethe, St. Exupéry, Michael Ende haben ja nur eines oder zwei verfaßt. Allerdings erschließen sich die Bilder und Wortgestalten nicht ohne Weiteres unserem Verständnis, obwohl diese in inhärenter Beziehung zu den bezeichneten Realitäten stehen.

Es war Rudolf Steiner, der auf der Basis seines Studiums bei Professor Schroer in Wien und seiner langjährigen Arbeit im Goethe-Archiv in Weimar Goethes *Märchen von der grünen Schlange und der schönen Lilie* (7) in dessen Beziehungen zu unserer Lebenspraxis erschloß (12).
Im *Märchen* steht als Lösungsweg der folgende Dialog:

*„Welches ist das wichtigste (Geheimnis)?" fragt der silberne König.*
*„Das offenbare", versetzt der Alte.*
*„Willst Du es auch uns eröffnen?" fragt der eherne (König).*
*„Sobald ich das vierte weiß", sagte der Alte....*

*„Ich weiß das vierte", sagte die Schlange....*
*„Es ist an der Zeit!" rief der Alte mit gewaltiger Stimme.*

Ist es an der Zeit, daß wir diese Geheimnisse verstehen können? Wir sollten es versuchen !

Einen Schlüssel zum Verständnis finden wir in der französischen Revolution: Sie war für Schiller der Anlaß, die *Briefe zur ästhetische Erziehung des Menschen* zu verfassen (6). Ziel seiner Arbeit war es, die Grundlage für eine menschenwürdige Gesellschaft zu legen. Dabei ging er davon aus, daß *„jeder individuelle Mensch, ...... der Anlage und Bestimmung nach einen reinen, idealistischen Menschen in sich trägt, mit dessen unveränderlicher Einheit ...... übereinzustimmen die große Aufgabe seines Daseins ist ..... "*. Goethe gestaltet dieses humanistische Menschen- und Gesellschaftsbild in seiner Weise im *Märchen* als Entwicklungsprozess in dramatischen Bildern. Die menschlichen Möglichkeiten und Fähigkeiten erscheinen darin als Personen und Tiere.

Der Mensch tritt als Sucher nach sich selbst auf - als Jüngling, der sich auf den Weg zur *schönen Lilie* begibt.
Er meint damit den inneren Wesenskern, die geistige Bestimmung, das persönliche Lebensideal, das der Mensch in sich trägt. Das ist zunächst unbewußt, im Märchen *jenseits des Flusses* also im Reich des Geistigen. Das Übersinnliche ist uns heutigen Menschen zunächst nur jenseits des Lebens, also nach dem Tode erreichbar.... so stirbt im Märchen jeder bei Berührung der schönen Lilie. Da *es an der Zeit ist*, wird das Leben des Jünglings im Verlaufe des Märchens gerettet. Zunächst durch die Schlange, die mit ihrem Körper einen Kreis um ihn bildet, indem sie sich selbst in den Schwanz beißt. Dann kommt der *Alte mit der Lampe* und spricht das vielfach zitierte Wort:
*„Ob ich helfen kann, weiß ich nicht, ein Einzelner hilft nicht, sondern wer sich mit vielen zur rechten Stunde vereinigt...."*

Das Märchen entwickelt sich dann im Wortlaut Goethes wie folgt:
*Die Schlange bewegte sich bald darauf ans Land, der Korb setzte sich zur Erde nieder, und die Schlange zog aufs neue ihren Kreis umher; der Alte neigte sich vor ihr und sprach: „Was hast Du beschlossen?“ „Mich aufzuopfern, ehe ich aufgeopfert werde“, versetzte die Schlange; „versprich mir; daß du keinen Stein am Lande lassen willst.“*
*Der Alte versprach´s und sagte darauf zur schönen Lilie: „Rühre die Schlange mit der linken Hand an und deinen Geliebten mit der rechten“. Lilie kniete nieder und berührte die Schlange und den Leichnam. Im Augenblicke schien dieser in das Leben überzugehen, er bewegte sich im Korbe, ja er richtete sich in die Höhe und saß; Lilie wollte ihn umarmen, allein der Alte hielt sie zurück, er half dagegen dem Jüngling aufstehen und leitete ihn, indem er aus dem Korbe und dem Kreise trat.*

. . .

*„Meine Herren“, sagte darauf der Alte ehrerbietig zu den Irrlichtern, „nunmehr zeige ich Ihnen den Weg und eröffne den Gang; aber sie leisten uns den größten Dienst, wenn sie uns die Pforte des Heiligtums öffnen, durch die wir diesmal eingehen müssen und die außer Ihnen niemand aufschließen kann“.*

. . .

*Sie waren nicht lange gegangen, als der Zug sich vor einem großen, ehernen Tore befand, dessen Flügel mit einem goldenen Schloß verschlossen waren. Der Alte rief sogleich die Irrlichter herbei, die sich nicht lange aufmuntern ließen, sondern geschäftig mit ihren spitzesten Flammen Schloß und Riegel aufzehrten.*
*Laut tönte das Erz, als die Pforten schnell aufsprangen und im Heiligtum die würdigen Bilder der Könige, durch die hereintretenden Lichter beleuchtet, erschienen. Jeder neigte sich vor den ehrwürdigen Herrschern, besonders ließen es die Irrlichter an krausen Verbeugungen nicht fehlen. Nach einiger Pause fragte der goldene König: „Woher kommt ihr?“- „Aus der Welt“, antwortete der Alte. „Wohin geht ihr?“ fragte der silberne König. „In die Welt“, sagte der Alte. „Was wollt ihr bei uns?“ fragte der eherne König. „Euch begleiten“, sagte der Alte. ...*

*Man konnte deutlich fühlen, daß der ganze Tempel sich bewegte, wie ein Schiff, das sich sanft aus dem Hafen entfernt, wenn die Anker gelichtet sind; die Tiefen der Erde schienen sich vor ihm aufzutun, als er hindurchzog. Er stieß nirgends an, kein Felsen stand ihm in dem Weg.*
*... Die Alte eilte weg, und in dem Augenblick erschien das Licht der aufgehenden Sonne an dem Kranze der Kuppel, der Alte trat zwischen den Jüngling und die Jungfrau und rief mit lauter Stimme: „Drei sind, die da herrschen auf Erden: die Weisheit, der Schein und die Gewalt". Bei dem ersten Wort stand der goldenen König auf, bei dem zweiten der silberne und bei dem dritten hatte sich der eherne langsam emporgehoben, als der zusammengesetzte König sich plötzlich ungeschickt niedersetzte. Wer ihn sah, konnte sich, ungeachtet des feierlichen Augenblicks, kaum des Lachens enthalten, denn er saß nicht, er lehnte sich nicht an, sondern er war unförmlich zusammengesunken.*

. . .

*Der Mann mit der Lampe führte nunmehr den schönen, aber immer noch starr vor sich hinblickenden Jüngling vom Altare herab und gerade auf den ehernen König los. Zu den Füßen des mächtigen Fürsten lag ein Schwert in eherner Scheide. Der Jüngling gürtete sich.*
*„Das Schwert an der Linken, die Rechte frei!" rief der gewaltige König. Sie gingen darauf zum silbernen, der sein Zepter gegen den Jüngling neigte. Dieser ergriff es mit der linken Hand, und der König sagte mit gefälliger Stimme: „Weide die Schafe!" Als sie zum goldenen König kamen, drückte er mit väterlicher segnender Gebärde dem Jüngling den Eichenkranz aufs Haupt und sprach: „Erkenne das Höchste!"*

. . .

*„Liebe Lilie!" rief er, als er ihr die silbernen Treppen hinauf entgegen eilte - denn sie hatte von der Zinne des Altars seiner Reise zugesehen-, „liebe Lilie! Was kann der Mann, ausgestattet mit allem, sich Köstlicheres wünschen als die Unschuld und die stille Neigung, die mir dein Busen entgegenbringt?"*
*„O! Mein Freund", fuhr er fort, in dem er sich zu dem Alten wendete und die drei heiligen Bildsäulen ansah, „herrlich und sicher ist das Reich un-*

*serer Väter, aber du hast die vierte Kraft vergessen, die noch früher, allgemeiner, gewisser die Welt beherrschte: die Kraft der Liebe".*
*Mit diesen Worten fiel er dem schönen Mädchen um den Hals; sie hatte den Schleier weggeworfen, und ihre Wangen färbten sich mit der schönsten, unvergänglichsten Röte.*
*Hierauf sagte der Alte lächelnd: „Die Liebe herrscht nicht, aber sie bildet, und das ist mehr".*

*Über dieser Feierlichkeit, dem Glück, dem Entzücken hatte man nicht bemerkt, daß der Tag völlig angebrochen war, und nun fielen auf einmal durch die offene Pforte ganz unerwartete Gegenstände der Gesellschaft in die Augen. Ein großer, mit Säulen umgebener Platz machte den Vorhof, an dessen Ende man eine lange und prächtige Brücke sah, die mit vielen Bogen über den Fluß hinüber reichte; sie war an beiden Seiten mit Säulengängen für die Wanderer bequem und prächtig eingerichtet, deren sich schon viele Tausende eingefunden hatten und emsig hin- und widergingen. Der große Weg in der Mitte war von Herden und Maultieren, Reitern und Wagen belebt, die an beiden Seiten, ohne sich zu hindern, stromweise hin- und herflossen. Sie schienen sich alle über die Bequemlichkeit und Pracht zu verwundern, und der neue König mit seiner Gemahlin war über die Begegnung und das Leben dieses großen Volkes so entzückt, als ihre wechselseitige Liebe sie glücklich machte.*
*„Gedenke der Schlange in Ehren", sagt der Mann mit der Lampe, „du bist ihr das Leben, deine Völker sind ihr die Brücke schuldig, wodurch diese nachbarlichen Ufer erst zu Ländern belebt und verbunden werden. Jene schwimmenden und leuchtenden Edelsteine, die Reste ihres aufgeopferten Körpers, sind die Grundpfeiler dieser herrlichen Brücke, auf ihnen hat sie sich selbst erbaut und wird sich selbst erhalten".*

Vieles muß heute - fast 200 Jahre nach Goethe - erstaunen:
-- Die *Schlange* opfert ihr Leben und bildet mit den aus ihrem Körper entstandenen Edelsteinen die *Brücke* - eine Brücke zwischen dem Diesseits und dem Jenseits, zwischen geistiger und materieller Welt.

-- Die *Irrlichter*, die im Märchen die Erkenntnisfähigkeit des Menschen, Wissenschaft und Wissen darstellen, öffnen mit ihren *spitzen Flammen* das goldene Schloß des unterirdischen Tempels.
-- Dort finden sich vier *Könige*: Darsteller der *Dreigliederung*! Drei sollen in die Welt begleitet werden: *Die Weisheit, der Schein, die Gewalt*. Gemeint sind die drei Fähigkeiten des Denkens, Fühlens und Wollens, dargestellt durch den goldenen, silbernen und bronzenen König. Während sie sich erheben, sinkt der *gemischte König* in sich zusammen.

Die drei Könige begaben nun den Jüngling mit den drei Fähigkeiten des Wollens, Fühlen und Denkens und veranlagen die sozialen Lebensbereiche, die Rudolf Steiner dann als
- *Wirtschaftsleben*
- *Rechtsleben und*
- *Geistesleben* definiert.

Sie basieren auf den Idealen, (besser Voraussetzungen) der
- *Brüderlichkeit* (heute würden wir sagen „Menschlichkeit")
- *Gleichheit* und
- *Freiheit*,

wie sie (tradiert aus der Erkenntniswelt der Rosenkreuzer und der Freimaurer) durch die Französische Revolution bekannt werden.
Jetzt erst kann sich der Mensch mit der in ihm veranlagten übersinnlichen Bestimmung, - der *Lilie* - ungefährdet verbinden, es entsteht die *Kraft der Liebe*!

Dabei bricht *der neue Tag* an; es entsteht ein Gemeinwesen, in dem viele Tausende über die Brücke hinüber und herüber gehen können: Die Menschen erscheinen verjüngt, der Riese wird zu einer Statue gebannt, die die Stunden in Bildern zeigt....

Hier liegt einer der Schlüssel zur sozialen Gestaltung unserer Arbeit sowohl im täglichen sozialen Leben als auch bei unserer Arbeit zur Gründung der PFA:

Der *goldene König* schuf uns mit dem Ideal der *Freiheit*, die Fähigkeit, der Kreativität: Uns war es oberstes Ziel, jedem Mitarbeiter die Chance zu geben, einige Ideen zu dem gemeinsamen Werk schenken... bis aus vielen tausend Ideen letztlich die vielfältigen Werksanlagen der PFA entstanden, die innovativen InterRegio-Wagen und die weiteren Erzeugnisse. Dies gelang, weil neue Arbeitsweisen und neue Organisationsformen geschaffen wurden, die ganz anders waren als diejenigen in der klassischen Fahrzeugindustrie.

Und der *silberne König*? Er schenkt uns das Ideal der Mitte, der *Gleichheit*. Sie wird erreicht über die Organisationsform *Führung und Hierarchie*, bei der ja für alle gleichermaßen verbindliche Regeln gesetzt und an jedem Arbeitsplatz in der täglichen Arbeit realisiert werden sollen.

Der dritte, der *eherne König* fordert das Ideal der *Brüderlichkeit*. Mit der *freien Rechten* gilt es für andere zu arbeiten, sein Leben in der Arbeitswelt den Bedürfnissen der Kunden zu widmen.
Dies realisierten wir durch die *Delegation der Verantwortlichkeit*, d.h. wir schufen die Arbeitsweise mit. An Stelle der bisher üblichen Fließbandarbeit, bei der jeder nach Arbeitsanweisungen bestimmte Handgriffe ausführt, beauftragten wir Meistereien mit je 24 Leuten, ganze Wagen zu bauen - in eigener Verantwortlichkeit!
Diese Organisationsform schafft Wirtschaftlichkeit und Bezug zum Kunden, da jeder es selbst bestimmt, wie er mit möglichst geringem Zeit- und Materialaufwand die Arbeit bestmöglich leisten kann!
*Team - Hierarchie - Delegation der Verantwortlichkeit* waren die drei *Könige*, welche die Mitarbeiter des zum Sterben verurteilten Werks begabten, ein neues Reich zu gründen, um nunmehr als *Europas modernste Waggonfabrik* (52) bezeichnet zu werden!

Mehr noch; manch einer, der in den düsteren Werkstätten bisher nur mit Vorschlaghammer und Schneidbrenner hantierte, vereinigte sich mit der *schönen Lilie*: Er fand die Freude an der Arbeit, Selbstverwirklichung, die

Chance, mitzuschaffen an der Kunst des Baus der InterRegio-Wagen. *Der gemischte König* - das unkoordinierte Durcheinander von Möglichkeiten und Fähigkeiten im früherem Ausbesserungswerk - wurde, so wie im Märchen, zugedeckt.

Das Großartigste im *Märchen* ist die *Brücke*: Ein Werk der Architektur und der Technik, das den freien Verkehr vom Diesseits zum Jenseits ermöglicht durch das Opfer der *Schlange*. Ist sie uns Vorbild, für unsere Arbeit als Architekten und Designer? Ich meine ja: Wir dürfen nicht uns selbst verwirklichen wollen, sondern müssen unsere Arbeiten auf die Bedürfnisse unserer Mitmenschen ausrichten, damit sie in ihrer Entwicklung gefördert werden. Dazu gibt es die Arbeitsweisen der *organischen Gestaltung*, die darauf zielen, mit den Gebäuden und Räumen eine dritte Haut für die Menschen zu schaffen - unmittelbar ausgerichtet auf deren körperliche, seelische und geistige Bedürfnisse.

Diese Fähigkeit ist in der ursprünglichen Gestalt der grünen Schlange, die in den Klüften der Erde lebt, verkörpert. Mit ihrem Opfer, aus dem die Brücke erwächst, schafft sie die Entwicklungsmöglichkeit, die den Menschen mit der geistigen Welt verbinden kann - dies erscheint uns als höchstes und fernstes Ziel unserer Arbeit als Designer und Architekten.

Ganz andere Bilder, 200 Jahre später: Das Gauklermärchen Michael Endes spiegelt die sozialen Gesetzmäßigkeiten ganz komplementär (39): Hauptdarsteller, Repräsentant des Menschen, ist hier ein Mädchen. Es lebt zunächst im *Schloß aus buntem Glas;* dies ist ein Bild für das Leben der Seele vor der Geburt. Sie sehnt sich nach ihrem Lebensideal, hier dem *Prinzen Joan*. Als ihr Spiegel *Kalophain* aus Selbstsucht den *Prinzen* nicht findet, entschließt sie sich zur Inkarnation. Wo bei Goethe eine stufenweise Entwicklung geschieht, passieren bei Ende dramatische Konflikte und Kämpfe in der Literaturform eines Schauspiels. Statt der *grünen Schlange* spielt hier die Spinne *Angramain* eine wichtige Rolle.

Sie verwandelt sich in eine außerordentlich attraktive Frau, die den *Prinzen Joan* dazu verführt, sie zu heiraten. Als er den *Spiegel Kalophain* hört und sieht - eine Inspiration, die ihn an sein Lebensziel erinnert -, erkennt er die häßliche Spinnennatur *Angramains*. Vereinbarungsgemäß muß er sein Reich, das *Morgen-Land* verlassen.

Es war das Reich der Phantasie und der Kunst, das durch den Verfall Joans an seine Triebnatur verloren geht: *Angramain* überzieht es mit grauen Spinnennetzen, die alles fixieren, keine Idee, keine Veränderung mehr zulassen.

Diese Bilder sind zutreffende Spiegel der Gesellschaften unter strenger Staatshierarchie und -herrschaft: Die ehemalige DDR und ein wenig auch die Deutsche Bundesbahn, in der die meisten Handlungen durch Vorschriften, Verfügungen und Weisungen der Zentrale bestimmt wurden. Die äußere Situation der Unfreiheit spiegelt sich im Herzen *Joans*. In ihm hat *Angramain* einen Knoten geschlungen, der ihn liebesunfähig macht.

Diese Geschichte spielt im Rahmen einer Gauklertruppe, einem ganz und gar verarmten Wanderzirkus, der Zelt und Tiere verloren hat und dessen Reste vor der Silhouette eines Chemiewerks stehen.

Hier lebt *Eli*, die verkörperte Prinzessin als junges Mädchen. Sie wurde nach einem Chemieunfall halbtot im Graben gefunden, ist nun behindert und lebt mit der Gauklertruppe.
*Clown Jojo* kommt am Abend von *der Direktion* des Chemiewerks zurück, mit der Botschaft, sie könnten als Werbetruppe dieses Unternehmens neu ausgestattet werden, wenn als Werbezirkus wirken und wenn sie Eli in ein Behindertenheim geben würden.

In der Nacht singt *Jojo* das einzige Lied, das er kann:

*Ich weiß nicht, woher ich komme*

*und weiß nicht, wo gehe ich hin.*
*Ich weiß nicht, was ich suche*
*und weiß nicht, wer ich bin.*

Eli antwortet unerwartet:

*Ich weiß wohl, woher ich komme,*
*doch kann ich dort nicht mehr hin....*

Nun erkennt jeder den anderen als denjenigen, den er sucht: Eli löst den Knoten in Jojos Herz, er ist der *Prinz Joan*! Sie lieben sich!
Er erinnert sich an das Morgen-Land, das er erschuf. Die Gaukler brechen auf, es zu suchen und erreichen es im siebten Bild des *Gauklermärchens*:

„Aus der Dunkelheit taucht eine Felsenklippe auf, die über einen finsteren Abgrund hinausragt. Auf dieser Klippe stehen und sitzen zusammengedrängt Eli, Jojo und die Gaukler.
In einer Höhlung, etwas abseits kauert eine graue Gestalt, die man zunächst kaum bemerkt, weil sie selbst wie ein Stück Fels aussieht. Auf der anderen Seite des Abgrundes erkennt man die Hauptstadt des Morgen-Landes und Joans Palast. Alles ist mit riesigen Spinnweben überdeckt".
Sie finden den *Narren* aus Prinz Joans Schloß, der ihnen sagt:

*„Wo Angramain regiert, da ist kein Platz für Späße.*
*Ich bin gefloh´n aus ihrem Todesgarten,*
*hab´ mich hierher gesetzt, dich zu erwarten,*
*daß einer wenigstens dich nicht vergäße".*

Jojo wird von Angramain nicht wieder erkannt, so kann er ihr ein uraltes Rätsel anbieten, dessen Lösung sie nicht kennt. Sie sagt dazu:

Angramain: *Weißt du wahrhaftig mehr, als mir bekannt,*
*als meine Macht vermag, vermagst du mehr -*
*Dann überlaß ich dir dies ganze Morgen-Land*
*und mach mich davon auf Nimmer-Wiederkehr!*

| | |
|---|---|
| | ... |
| | *Und nun das Kunststück , das ich nicht durchschau!* |
| Jojo | *Es ist ein Zauberspiel und wahrlich selten.*<br>*Gebt acht ! Denn ich erklär´s zuerst genau:*<br>*Denkt Euch zwei festverschloss´ne Schreine,*<br>*kunstvoll verziert auf jeder Seite.*<br>*Den Schlüssel zu dem zweiten bringt der eine*<br>*und den zum ersten wiederum der zweite.*<br>*Und nun die Kunst, die Euch verborgen ist:*<br>*Nicht durch Gewalt, Zerstörung oder List,*<br>*nur mit den Schlüsseln die im Inneren liegen-*<br>*Wie stellt man´s an, die Schreine aufzukriegen?* |

Angramain wendet ihm ihr Hinterteil zu, aus dem lange Fäden kommen, die über den Abgrund wehen.

| | |
|---|---|
| Narr | *Das muß dich nicht besonders kränken,*<br>*Es ist nur ihre Art zu denken.* |
| Angramain | *Das läßt sich rechnen: Zwei verschloss´ne Schreine,*<br>*jeder enthält den Schlüssel zu dem anderen-*<br>*An den zu kommen, fehlt zunächst der eine,*<br>*den ich bekäm, hätt´ ich diesen hier,*<br>*doch dazu mangelt wieder jener mir...*<br>... |
| Jojo | *Wo du das Nichts erblickst, ist eine Kraft,*<br>*verborgen, unerreichbar allem Bösen,*<br>*die aus sich selbst - sich und die Welt erschafft.*<br>*Und die vermag´s, das Rätsel aufzulösen.* |
| Angramain | *Es gibt nichts Neues, gibt nichts, was entsteht!*<br>*Die Welt ist Staub, der sich im Kreise dreht!* |

|  |  |
|---|---|
|  | *Die Schöpferkraft ! Das alte Spiel des Affen,*<br>*der wiederholt, was schon seit je bestand!* |
| Eli | *Und doch gäb´s nicht dies ganze Morgen-Land,*<br>*das du beherrschen willst, hätt´ niemand es*<br>*erschaffen.* |
| Angramain | *Es war schon immer da - und das genügt.*<br>*Nichts Neues wurde je hinzugefügt.*<br>*Und da nicht existiert, wovon er spricht,*<br>*bin ich vollkommen - denn es fehlt mir nicht!* |
| Jojo | *Was du nicht kennst, das, meinst du, soll nicht*<br>*gelten?*<br>*Du meinst, daß Phantasie nicht wirklich sei?*<br>*Aus ihr allein erwachsen künftige Welten:*<br>*In dem, was wir erschaffen, sind wir frei.* |
| Angramain | *Freiheit ist Trug, denn alles ist bedingt,*<br>*Notwendigkeit, die uns umringt und zwingt!*<br>*Und da nicht existiert, wovon er spricht,*<br>*bin ich vollkommen - denn es fehlt mir nicht!* |
| Eli | *Es fehlt dir! O es fehlt dir sehr!*<br>*Weißt Du dich selber nur von Zwang getrieben?*<br>*So ist dein Reich vollkommen liebeleer*<br>*und darum hat es keine Zukunft mehr.*<br>*Nur wo wir frei sind, können wir auch lieben!* |
| Angramain | *Hör´ einer sich das süße Schnäuzchen an!*<br>*Und freilich hat es auch noch was zu sagen.*<br>*Und weil´s mich amüsiert, will ich dich fragen:*<br>*Was fang ich denn mit Liebe an?* |

*Kann ich sie wägen, zählen, messen?*

Eli *Das kannst Du nicht.*

Angramain *Kann ich sie etwa fressen?*

Eli *Auch das nicht.*

Angramain *Wozu nützt sie dann?*
*Unordnung schafft sie nur, Verwirrung allezeit.*
*Sie ist ein Fehler! Wenn ein Fehler fehlt,*
*so fehlt er nicht an der Vollkommenheit.*

Jojo *Und doch ist sie´s allein, die uns beseelt,*
*denn nur die Liebe macht uns schöpferisch.*

. . .

Jojo *Was drohst du mir ? Ich bin bereit dazu*
*Bald hast du Grund genug, dich aufzuregen.*
*Ich werde dir beweisen, was selbst du*
*nicht leugnen kannst und auch nicht widerlegen.*
*Die Liebe, sagst du, gibt es nicht,*
*nicht Freiheit noch das schöpferische Spiel?*
*Wen wundert es, daß Angramain so spricht,*
*die nur sich selbst als Zweck erkennt und Ziel!*
*Denn dem allein sind diese drei gegeben,*
*der es vermag, ganz absichtslos zu handeln.*
*Sie halten gegenseitig sich im Schweben*
*und jedes will in andere sich verwandeln.*
*Ich war gefangen im Verlies des Bösen,*
*in tiefer elender Vergessens-Nacht.*
*Dies Mädchen konnte mir die Fesseln lösen*
*und ihre Liebe hat mich frei gemacht.*
*Als ich die Freiheit atmete, da sah ich klar*

*und wußte wieder, wer ich bin und war:*
*Ich bin es, der in Traum und Spiel erfand*
*dies ganze mir geraubte Morgen-Land!*
*Was niemand, auch nicht du, bezweifeln kann:*
*Daß ich hier steh´, ist der Beweis! Hier, sieh mich an!*
*Erkennst du mich? Ich bin es, Prinz Joan!*
*Du hast verloren. Steh´ zu deinem Wort!*
*Gib mir mein Land zurück und mach dich fort!*

Denken und Argumentieren Angramains entsprechen dem, was ich in bürokratischen Organisationen über Kunst und Gestaltung höre: überflüssig und unnütz, nicht messbar, daher auch nicht wirksam!

Die Liebe, die Freiheit und das schöpferische Spiel - sie können von Angramain nicht wahrgenommen und nicht erkannt werden. In alledem wird deutlich, daß im Bild der Spinne diejenige Kraft gemeint ist, die in der persischen Kultur (und in der Anthroposophie) *Ahriman* heißt: Die Verknöcherung, das Fixieren des Vergangenen, die einseitige Bindung an das Tote, das rein intellektuelle Denken - Phänomene und menschliche Haltungen, mit denen wir täglich im sozialen Leben konfrontiert sind.

Durch die Liebesbindung zwischen Eli und Joan finden beide zu ihren Lebenszielen und können das *Morgen-Land* von der Herrschaft *Angramains* befreien. Wie gelingt es ihnen?

Eli zückt, als Angramain und ihr Gefolge bereits alle anderen gefesselt hat, eine Scherbe des Spiegels *Kalophain.* Sie schenkt es Angramain: Diese sieht fasziniert in ihm Elis Bild, glaubt sie sei es selbst und verschlingt die Scherbe. Damit kommt sie zum Anblick und Bewußtsein ihres inneren Wesenskerns: Sie ist entsetzt und stürzt sich in den Abgrund.
Kalophain verwandelt die grauen Spinnnetze in goldene, über die die Gaukler zum Morgen-Land gehen können.

Als wir bei der Deutschen Bundesbahn den InterRegio zusammen mit dem Büro Billing-Peters-Ruff entwarfen, standen in Weiden riesige, graue Werkhallen - viele von ihnen gespenstisch und leer. Täglich verrichteten 600 Männer das Notwendigste an beschädigten Güterwagen. Niemand konnte sich ein Morgen-Land vorstellen, außer einer Gauklertruppe....

Damals sahen die wenigen Ersten der PFA, die Chance, die Vision, ein neues Werk für die InterRegio-Wagen zu bauen. Es gelang durch eine Idee - die von einer neuen „Kultur des Reisens" in der Bahn. Nicht wir - sie war es, die die Menschen beflügelte und die sozialen Fesseln sprengte. Die Menschen wurden fähig, in Teams zu kooperieren durch die besonderen Lebens- und Arbeitsweisen von Meistereifamilien. Die grauen Spinnfäden der Anweisungen und Vorschriften wurden nach und nach verwandelt in die goldenen des Gesprächs.

Mit der sozialen Gestaltung der PFA schufen alle gemeinsam *Freiheit,* das *schöpferische Spiel,* mit dem viele tausend Ideen entstanden. Mit ihnen war es möglich, die InterRegio-Fahrzeuge mit kunstvollen Sitzlandschaften kostengünstig herzustellen und ein landesweites Zugsystem zu schaffen, das schließlich Jahr für Jahr über 60 Millionen Fahrgäste mit günstigen Fahrpreisen an ihre Ziele brachte.

In der Geschichte der Ästhetik beobachteten wir um die Jahrhundertwende einen Bruch: Seither gibt es keine verbindlichen Maßstäbe mehr, wie sie in den vorangehenden Epochen existierten. Solofjew und Steiner schlugen Wege vor, neue Maßstäbe zu finden. Diether Rudloff stellt dar, daß dies in Zukunft mehr und mehr erkannt werden wird (35): Kunst ist, was *aus Freiheit und in Liebe* geschaffen ist! Deswegen war unser Ziel, zu erreichen, daß hier *jeder Mensch ein Künstler* werde - wie es Josef Beuys als Vermächtnis hinterließ. Organisationsentwicklung ist das Tätigkeitsfeld des kreativen Managers; versteht er Management als *Kunst,* bieten ihm die Märchen tatsächlich eine Quelle vielfältiger Inspirationen.

(52) Susanne Risch: Ganz neue Züge, Manager Magazin Nr. 11, Hamburg, 1992

*Karl-Dieter Bodack vor der Abtei auf der Insel Iona (Schottland)*

Rückblick

## 33. „Ist der Zug abgefahren?“

### Interview mit Karl-Dieter Bodack von Wolfgang Weirauch (2001)*

Seit Jahren sorgt die Deutsche Bahn AG für negative Schlagzeilen. Unglücksfälle, Verspätungen, leere Kassen, verrottete Gleise prägen das Bild. Nun will der DB-Vorstandsvorsitzende Mehdorn durchgreifen: Ein Ring-Speiche-System bei der Streckenführung ist geplant, immer mehr Strecken und Reisezentren werden stillgelegt bzw. privatisiert, und ein neues Tarifsystem soll eingeführt werden. Noch steht nicht fest, wann dieses Preiskonzept kommt und wie es im einzelnen aussieht.
Aber was bisher an Neuerungen von der Deutschen Bahn AG durchgedrungen ist, läßt nicht auf Kundenfreundlichkeit und höhere Fahrgastzahlen hoffen. Seit der Bahnreform Mitte der 90er Jahre setzte bei der Bahn eine Entwicklung ein, die extrem auf autoritatives Management setzt. Dies war nicht immer so.

Karl-Dieter Bodack war jahrelang in der Planungsgruppe beim Vorstand der Deutschen Bundesbahn bzw. der Deutschen Bahn AG im Bereich IC-Verkehr und Corporate Design tätig. Er entwarf nicht nur Konzeption und Design des InterRegio, sondern führte in weiten Teilen der Bahn Elemente der Dreigliederung ein. Wie ihm dies gelang und auf welche Weise eine teamorientierte Betriebsorganisation der heutigen hierarchischen Struktur diametral entgegensteht, lesen Sie in dem folgenden Gespräch.

---

* *Interview mit Vorspann aus „Es ist an der Zeit“, Flensburger Hefte, 72, Flensburg, 2001, gekürzt und geringfügig korrigiert. Abdruck mit freundlicher Genehmigung des Verlags.*
*Dieser Band enthält außerdem Interviews mit Gerald Häfner, Rudolf Gädecke, Michael Debus und Johannes Kiersch*
*Hintergründe und Details zur Arbeit des Verfassers bei der DB sind in (43), die aktuelle Situation (2008) ist prägnant dargestellt in (53).*

## Die drei Dimensionen des Ich

**Wolfgang Weirauch:** Was ist Authentizität?

**Karl-Dieter Bodack:** Unter Authentizität versteht man die Einzigartigkeit und Einmaligkeit des Menschen, aber auch dessen Abgesondertheit. Authentizität im speziellen Kontext meiner Arbeit ist eine Dimension des Ich.

**W.W.:** Wie definieren Sie Egoismus und Egoität?

**K.-D. B.:** Wenn man in unsere Umwelt schaut, bemerkt man, daß die Menschen auch in einer anderen Dimension verankert sind, nämlich in der Egoität. Das ist die Dimension, in der sich vor allem das Wirtschaftsleben abspielt und der Beruf, für den man den größten Teil seines Lebens opfert, um seine materiellen Bedürfnisse befriedigen zu können. Leider wird diese Bedürfnisbefriedigung oft übertrieben, so daß sie zu einer Art Sucht wird. Je mehr man hat, desto mehr will man haben. Diese Tendenz hat Erich Fromm in seinem wichtigsten Werk „Haben oder Sein" (Stuttgart 1976) beschrieben.
Der „Egoismus" ist eine übersteigerte Egoität. Wenn die Gestaltung meiner Biographie ausschließlich auf die Erfüllung meiner materiellen Bedürfnisse gerichtet ist, dann lebt mein Ich sich im Egoismus aus. Diese übersteigerte Egoität geht auf Kosten der Authentizität. Ich opfere dann mein Sein und mein Werden ganz dem Egoismus und der Erfüllung materieller Bedürfnisse.

**W.W.:** Was man landläufig als gesunden Egoismus bezeichnet, bezeichnen Sie als Egoität?

**K.-D. B.:** Ja. Immer dann, wenn die Dimension der Authentizität nicht zurückgedrängt wird und wenn sie gestärkt wird, dann ist das eine gesunde Egoität. Jeder Mensch braucht natürlich eine gewisse Bedürfnisbefriedigung materieller Natur, denn sonst könnte sich seine Authentizität nicht entwickeln.

**W.W.**: Wie schätzen Sie den heutigen Trend der Jugend ein, z.B. in bezug auf die sogenannte Spaßkultur? Nimmt der Egoismus zu?

**K.-D. B.**: In der Jugend beobachte ich vor allem neben Authentizität und Egoität die dritte Dimension des Ich, die des Gemeinsinns, der Solidarität. Viele Jugendliche bemühen sich sehr stark, miteinander zu leben und voneinander zu lernen. Die Wohngemeinschaft ist ein äußerer Ausdruck dieses Trends. Dazu gehören das gemeinsame Studieren oder das Feiern von Partys, Elemente, die heute viel stärker im Vordergrund stehen als zu meiner Jugendzeit. Daß Gemeinschaft und Solidarität möglich sind, zeigt, daß der Mensch in seinem Ich eine dritte Dimension hat, nämlich die des Gemeinsinns. Man ist auf den anderen Menschen angewiesen, man möchte ihn auch unterstützen und man braucht ihn, um sich in ihm zu spiegeln. Das Ich braucht dieses Erlebnisfeld, um sich entwickeln zu können.

**W.W.**: Steht der Egoismus nicht immer mehr im Vordergrund, und zwar auf Kosten des Gemeinsinns?

**K.-D. B.**: Die materiell-egoistische Ausrichtung des Ich überdeckt eher die individuelle Tendenz des Menschen. Man kauft sich z.B. ein spezielles Auto, bestimmte Modekleidung mit Labels und Markennamen, oder man baut sich eine Luxusvilla und ersetzt damit ein Stückweit Authentizitätsentwicklung.

## Einseitigkeiten

**W.W.**: Sie haben jetzt Individualität, Egoität und Gemeinsinn als die drei Ich-Dimensionen geschildert. Drängt die einseitige Ausprägung einer Ich-Qualität die jeweils anderen beiden zurück?

**K.-D. B.**: Das ist offensichtlich so. Die Lebenserfahrung zeigt, daß diese drei Dimensionen des Ich so zusammenhängen, daß die Übersteigerung der einen Dimension zu einer Reduktion der beiden anderen führt. Ich habe das in dem Schaubild „Das Ich“ dargestellt (hier: Seite 28).

Wenn man seine Individualität sehr stark betont, wird man individualistisch; entartet diese Überbetonung zur Sucht, wird man geltungssüchtig. Wer sehr stark authentisch geprägt ist, opfert meist auch weniger Lebenszeit der Egoität, der egoistischen Bedürfnisbefriedigung. Wenn man dagegen seine Egoität zum Egoismus steigert und den gesamten Tagesablauf als Workaholic zum Geldverdienen benutzt, wird selbstverständlich die Möglichkeit der Authentizitätsentwicklung reduziert. Solche Menschen werden sehr stark konformistisch und opfern jede eigene Überzeugung immer dann, wenn es um das Geld geht. Man tut alles, wenn es nur bezahlt wird.

Auch der Gemeinsinn kann übersteigert werden, nämlich wenn man sich in einer Gemeinschaft wie z.B. der Familie aufgibt. Auch in so einem Fall bleibt die Authentizität unterentwickelt, und es entsteht ebenfalls eine konformistische Lebenshaltung. Gleichzeitig entsteht bei solchen Menschen auf der Seite der Egoität eine altruistische Lebenshaltung. Ein altruistischer Mensch entwickelt weniger Egoität, weil er auf die materielle ausgestaltung seines Lebens verzichtet, indem er einen großen Teil seiner Lebenszeit anderen Menschen opfert.

Wenn einer der drei Bereiche ausgedehnt wird – das verdeutlichen die Pfeile in der Graphik –, drängt er die beiden anderen zurück. Es können auch zwei Dimensionen zu Lasten der dritten überdehnt werden.

## Die drei Seelenfähigkeiten

**W.W.:** Inwiefern kann man die drei Ich-Qualitäten – Authentizität, Egoität und Solidarität – mit den drei Seelenfähigkeiten Denken, Fühlen und Wollen in Beziehung setzen?

**K.-D. B.:** Rudolf Steiner hat die Dreigliederung des Menschen ausführlich begründet, und zwar auf der Ebene des physischen Leibes, des Lebensleibes und auf der Ebene der Seele. Diese Dreigliederung spiegelt sich auch in den drei Dimensionen des Ich. Diese Ich-Dimensionen sind eine Weiterführung der Erkenntnisse Steiners. Zwar hat er auch über Egoität, Egoismus, Gemeinsinn und Authentizität gesprochen, aber meines Erachtens nicht in dem dargestellten Zusammenhang.

Die seelische Kraft des Denkens entwickelt im Ich die Dimension der Authentizität, die des Fühlens den Gemeinsinn und die des Wollens die Egoität.
Die Authentizität bildet sich durch Wahrnehmen und Denken, aus der Erkenntnis ergeben sich die Werteorientierungen. Die Werteorientierung ist ein Bild dessen, was meine Authentizität ausmacht.
Gefühle und Empfindungen bilden im Ich die Orientierung zur Menschlichkeit. Wenn jemand Menschlichkeit entwickelt, ist er entweder auf andere angewiesen oder empfindet die Bedürfnisse der anderen Menschen und entwickelt Gemeinsinn.
Meine Willenshandlungen in der Welt beziehen sich meistens auf die materiellen Dinge, dienen also der Selbsterhaltung.

**W.W.:** Steiner spricht über das Auseinanderdriften der Seelenfähigkeiten in der heutigen Zeit. Inwiefern macht sich das bei den Menschen heute geltend?

**K.-D. B.:** Die Lockerung des Zusammenhangs der Seelenkräfte zeigt sich heute in den Einseitigkeiten des Ich. Wenn ich in meinem Seelenleben auseinanderfalle, in dem was ich denke, fühle und will, dann hat das Folgen für die nächst höhere Dimension, für mein Ich. Im Seelenbereich drückt sich das dadurch aus, daß eine Seelenfähigkeit überwiegt, die beiden anderen nicht genügend entwickelt sind. Wenn zum Beispiel das Gefühlsleben unzureichend und zu wenig entwickelt ist, werde ich gefühlskalt, mein Willen oder mein Denken überlagert das Gefühlsleben, und im Bereich der Ich-Dimension wird dann die Solidarität reduziert sein.

**W.W.:** Wo verwenden Sie Ihr Modell der Ich-Dimensionen?

**K.-D. B.:** Ich benutze dieses Modell in der Lehre. Vor allem unterrichte ich auf dem Gebiet des Designs. Hier bietet es die Grundlage für das Verständnis der Design-Qualität. Ich arbeite dabei auch mit Schaubildern, weil an einer Hochschule die Visualisierung ein sehr wichtiges Mittel ist, denn die Studenten erwarten klare Definitionen, obwohl es in diesem

Bereich vielleicht weniger um die Definition gehen sollte als um das Erleben und Hineinwachsen in die Welt der Seele und des Geistes.

## Der sich selbst entwickelnde Mensch

**W.W.:** Kommen Sie aufgrund Ihres Modells mit den Studenten auch zu weitergehenden Gesprächen über Anthroposophie?

**K.-D. B.:** Ich nenne natürlich auch Rudolf Steiner als einen derjenigen, der diese Dinge initiiert hat, aber auch Erich Fromm und Abraham Maslow. Vor allem stelle ich gerne die Zusammenhänge zwischen der Anthroposophie und Maslow dar.

**W.W.:** Können Sie das bitte konkretisieren?

**K.-D. B.:** Die vier Ebenen in der Menschenkunde Steiners – physischer Leib, Lebensleib, Psyche und Ich – entsprechen bei Maslow vier Bedürfnisebenen: den physiologischen Bedürfnissen, den Sicherheitsbedürfnissen, den Bedürfnissen nach Zugehörigkeit und den Bedürfnissen nach Achtung.

Bei Steiner finden wir auf jeder Ebene eine Dreigliederung; auf der physischen Ebene das Nerven-Sinnessystem, das rhythmische System und das Stoffwechsel-Gliedmaßensystem. Die entsprechenden physiologischen Bedürfnisse bei Maslow sind die nach körperlichem Wohlergehen, Atmung, Essen und Trinken.

Der Ich-Ebene Steiners entspricht bei Maslow das Bedürfnis nach Achtung, Kompetenz und Anerkennung. Er hat allerdings keine Dreigliederung auf den verschiedenen Ebenen.

Maslow hat zunächst festgestellt, daß der Mensch mangelorientiert ist, also bei Auftreten eines Mangels auf einer Ebene immer in die nächst tiefere Ebene zurückfällt. Wer auf der untersten Ebene der Lebenssicherheit bedroht ist und nichts zu essen hat, wird sich nicht um die höheren Bedürfnisebenen kümmern, wie z.B. Freundschaft, Liebe und Kontakt. Allerdings gibt es Menschen, die aus der Mangelorientierung herauswachsen und höhere Bedürfnisse entwickeln, die wachstumsorientiert sind.

Das sind Menschen, die eine gewisse Grenze der Entwicklung ihres Ich überschreiten und dabei ihre eigene Werteorientierung entwickeln.
Sie streben, ihrem höheren Ich entsprechend, höhere Ziele, Ideen oder Ideale wie z.B. Wahrhaftigkeit, Gerechtigkeit oder Güte an. Solche Menschen sind für die Entwicklung eines Unternehmens oder einer Initiative wichtig, denn sie sind eigenmotiviert und arbeiten selbstzentriert. Es sind Menschen, die man nicht führen und anleiten muß, sondern in der Firma ihren eigenen Weg finden. Sie fallen in Notsituationen nicht auf eine untere Bedürfnisstufe zurück, sie bleiben ihrer Überzeugung treu. Maslow hat festgestellt, daß diese „selbstentwickelnden Menschen" im Seelischen hohe Fähigkeitspotentiale entwickeln.

## Die soziale Dreigliederung Steiners

**W.W.:** Können Sie kurz die soziale Dreigliederung nach Rudolf Steiner darstellen?

**K.-D. B.:** Die Dreigliederung der menschlichen Seele ist eigentlich schon bei Platon und Aristoteles zu finden, und sie kommt in der Renaissance mit den drei Idealen Wahrheit, Schönheit und Güte in unseren Kulturkreis. Diese Ideale führen zu intensivem Gedankenaustausch zwischen Goethe und Schiller. Rudolf Steiner setzt um 1900 bei Goethes „Märchen" an, in welchem drei Könige eine neue Gesellschaft veranlagen.
Die drei Seelenfähigkeiten Denken, Fühlen und Wollen entsprechen hier dem goldenen, silbernen und ehernen König aus dem Märchen.
In der Not der Zeit am Ende des Ersten Weltkrieges wurde Steiner intensiv zu sozialen Themen befragt. In dieser Zeit entwickelte Steiner Goethes künstlerische Vision aus dem Märchen zur „Dreigliederung des sozialen Organismus". Sie baut auf den drei Idealen Freiheit, Gleichheit und Brüderlichkeit auf, die eigentlich widersprüchlich und gegensätzlich sind. Um sie zu realisieren, schlägt er spezielle Gestaltungsformen für das Geistesleben, das Rechtsleben und das Wirtschaftsleben vor.
Vereinfacht dargestellt: Schulen und Universitäten bilden Geistesleben, der Staat leistet Rechtsleben, Unternehmen gestalten Wirtschaftsleben.

Gesund ist das soziale Leben dann, wenn jeder Mensch auf allen drei Feldern des sozialen Organismus tätig und engagiert ist.
Einige Bereiche der sozialen Dreigliederung sind in Deutschland durch das Grundgesetz verbürgt, wie z.B. die freie Meinungsäußerung und die Freiheit in Lehre und Forschung. Das Wirtschaftsleben ist weitgehend vom Staat unabhängig und vielfach vernetzt, das staatliche Rechtsleben sichert die Rechte der Bürger. Im Makrosozialen sind wir heute wesentlich weiter als 1918. Das verdanken wir u.a. auch der aktiven Mitwirkung des Staatsrechtlers Ernst von Hippel, der Anthroposoph war, intensiv Steiners Dreigliederung vertreten hat und an der Gestaltung des Grundgesetzes mitgewirkt hat. In seinem Buch „Die Gewaltenteilung im modernen Staate" (Koblenz, ca. 1948) stellt er sehr überzeugend dar, daß die Dreiteilung der Gewalten ein unabdingbares Element des Rechtslebens sein muß, damit Machtwillkür im Staat vermieden wird.
Diese Dreiteilung der Gewalten finden wir durch das Grundgesetz realisiert. Etwas mangelhaft und zu allgemein ist die Sozialbindung des Eigentums des Wirtschaftslebens im Grundgesetz verankert.

## Einseitigkeiten führen zur Unmenschlichkeit

**W.W.:** Wie ist die Situation heute, global betrachtet? Kommt das Rechtsleben nicht zu kurz angesichts der Global Player, die immer mehr dahin tendieren, einzelne Länder in ihrem Rechtsleben zu beschneiden? Ist es angesichts des dominierenden Wirtschaftslebens momentan überhaupt möglich, daß in einem Land die Dreigliederung umfassend eingeführt wird?

**K.-D. B.:** So wie man Gesundheit im Sozialen als Ganzheitlichkeit definieren kann, heißt dies für den Menschen auf der seelischen Ebene, daß er seine drei Seelenfähigkeiten Denken, Fühlen und Wollen und sein Ich ganzheitlich, also in allen drei Dimensionen, ausgeglichen entwickeln kann.
Ähnliches gilt auch für den Staat. Wenn eines der drei Gebiete des sozialen Organismus unterentwickelt ist, treten Krankheiten im Zusam-

menhang des Staates bzw. unter den Ländern weltweit auf. Dies führt zu Unmenschlichkeiten. Heute erscheint eher das Rechtsleben im globalen Zusammenhang als zu schwach, die Wirtschaft entwickelt die Tendenz, übermächtig zu werden, sei es durch Korruption oder durch Gängelung des Rechtslebens einzelner Staaten bzw. des Arbeitslebens. Das geht so weit, daß die Tendenz besteht, Grundrechte des Menschen außer Kraft zu setzen. Bei diktatorisch geführten Staaten überwuchert dagegen das Rechtsleben das Wirtschaftsleben und das Geistesleben. Die Freiheit im Wirtschaftsleben und Kulturleben kann nicht entstehen, wenn der Staat seine Macht hier im Spiel hat.

**W.W.**: Warum ist das Rechtsleben gegenüber dem Wirtschaftsleben und dem Geistesleben den Menschen so wenig bewußt?

**K.-D. B.**: Generell würde ich das nicht so sagen. Ich habe bei der Deutschen Bundesbahn die Bereiche Marketing und Design mit aufgebaut und parallel dazu hier in Gröbenzell die Waldorfschule. Beide Organisationsformen waren durch extreme Einseitigkeiten gekennzeichnet. Innerhalb der Waldorfschule war zunächst das Rechtsleben unterentwickelt. Das ist meist so bei Organisationen, die durch Improvisationen beginnen. Bei solchen Organisationen muß man sehr intensiv daran arbeiten, das Rechtsleben aufzubauen, damit Konflikte vermieden werden, effizientes Arbeiten möglich ist, das Zusammenleben klar definiert wird und in flüssiger Weise ablaufen kann.

Bei der Deutschen Bundesbahn war es genau umgekehrt. Dort überwucherte das Rechtsleben. Alles war durch Vorschriften, Regeln und Tarife bestimmt und überfrachtet, die Innovationsfähigkeit der Mitarbeiter wurde kaum gefordert, und auch das Wirtschaftsleben war völlig unterentwickelt.

Wenn man in einen sozialen Zusammenhang oder in ein Unternehmen kommt, muß man zuerst eine Diagnose stellen, um festzustellen, ob die drei Bereiche Geistesleben, Rechtsleben und Wirtschaftsleben in einem ausgeglichenen Verhältnis zueinander stehen oder ob eines der drei Gebiete die anderen überlagert. Drängt sich eines der Gebiete in den

Vordergrund, dann entsteht Unmenschlichkeit. Die Dreigliederung muß auf jeder gesellschaftlichen Ebene gleichgewichtig entwickelt sein.
Wir brauchen einen makrosozialen Organismus, in dem Geistes-, Rechts- und Wirtschaftsleben gleichwertig gelebt werden. Dies muß aber auch auf den unteren Ebenen, z.B. in einer Firma oder einer Schule, in einer Abteilung oder letztlich zwischen zwei Menschen ermöglicht werden.
Jeder der drei Bereiche des sozialen Organismus muß in sich wiederum dreigegliedert werden.
Im Rechtsleben bedarf es des Geisteslebens, um Gesetze zu entwerfen, die z.B. aus einer tieferen Ideenwelt oder einem Erlebnis der Menschenwürde entspringen. Zu dem Wirtschaftsleben im Rechtsleben gehört z.B. die Polizei, wenn sie die Gesetze verteidigt bzw. umsetzt, denn das kostet Geld. Der mittlere Bereich des Rechtslebens ist die Judikative, die Rechtsprechung. Auch jeder Richter muß die Bereiche des Geistes-, Rechts- und Wirtschaftslebens berücksichtigen. Bei einer Verhandlung muß er sich in die betroffenen Menschen hineinversetzen, er muß ihre Biographie kennenlernen und muß Ideen haben. Dann wendet er das Recht an und wird zusätzlich bei der Strafzumessung auch die wirtschaftlichen Verhältnisse des Angeklagten berücksichtigen.

## Dreigliederung in Unternehmen

**W.W.:** Wie kann man diese Dreigliederung auf einen Betrieb bzw. auf eine Organisationsgestalt übertragen?

**K.-D. B.:** In einem Unternehmen stellt sich die Frage, wie man die Dreigliederung an jeden Arbeitsplatz bringt. Man kann sich einen Fall herausgreifen, z.B. eine Buchhalterin, und sich fragen, wie sie auch am Geistes- und Rechtsleben eines Unternehmens teilhat, wenn sie doch den ganzen Tag Zahlen bucht. Man würde einen solchen Menschen deformieren, wenn man ihn nicht auch am Geistes- und Rechtsleben teilhaben ließe.
Das Rechtsleben in einem Betrieb ist im Grunde am einfachsten zu verstehen, denn jeder Mitarbeiter muß die gleichen Rechte haben und darf nicht z.B. von einem Abteilungsleiter in seinen Menschenrechten diskri-

miniert werden. Das Geistesleben erlebt ein Mitarbeiter, darin, daß er Freiheiten zur Gestaltung seines eigenen Arbeitsplatzes hat, z.B. wie er die Arbeit durchführt, wie er mit den anderen Mitarbeitern kooperiert. Gerade bei einem solchen Arbeitsplatz ist es wichtig, daß man entsprechende Freiheiten einräumt, damit jeder seine Ideen einbringt. Das gilt natürlich genauso für den Fließbandarbeiter.
Diese Freiheiten werden in der Industrie mehr und mehr genutzt, da man erkannt hat, welche großen Potentiale für Innovationen dadurch gewonnen werden können. Der Fließbandarbeiter weiß nämlich meist selbst am besten, was gemacht werden muß, wenn z.B. ein technischer Fehler oder eine Störung im Arbeitsablauf auftritt.
Wirtschaftsleben in einem dreigegliederten Unternehmen beinhaltet die Delegation der Verantwortlichkeit, wodurch Markt- und Kundenorientierung und das Streben nach bestmöglicher Effektivität der Arbeit entstehen können.

**W.W.:** Es reicht also nicht für ein dreigegliedertes Unternehmen aus, Abteilungen für Forschungen und kaufmännische Belange sowie eine Rechtsabteilung zu haben?

**K.-D. B.:** Der Forscher wird natürlich mehr Geistesleben praktizieren als die Buchhalterin, das ist ganz klar. Trotzdem muß der Forscher auch das Wirtschaftsleben berücksichtigen, denn er kann nicht die Gelder eines Unternehmens sinnlos verbrauchen. Darüber hinaus muß er so in die Arbeit eines Unternehmens eingebunden werden, daß auch seine Arbeit als für die Firma und den Kunden nützlich erkannt und bewertet wird. Und er steht auch im Rechtsleben, denn er muß gleiche Rechte wie die Buchhalterin haben. Der Umfang der Tätigkeit eines Mitarbeiters in einem der drei Bereiche eines dreigegliederten Unternehmens kann selbstverständlich unterschiedlich sein, aber sein Wirken darf sich nicht auf eines der Gebiete beschränken.
In der Industrie bedient man sich dreier Arbeitsweisen, um die Dreigliederung an den Arbeitsplatz zu bringen: Die Teamarbeit dient dazu, daß der Vorgesetzte aus seine Führungsrolle zeitweilig aufgibt. Indem allen

Mitarbeitern individuelle Mitwirkungsmöglichkeiten eröffnet, können sie ihre Ideen eingebringen: Das ist Geistesleben.
Führung und damit Hierarchie ist unverzichtbar, wenn es gilt, Gesetze, Rechte und Verträge gerecht in die tägliche Praxis umzusetzen: Das ist Rechtsleben.
Die Delegation der Verantwortlichkeit wird praktiziert, damit der Kundennutzen maximiert wird. Das bedeutet, daß derjenige Mensch, der die Produkte herstellt bzw. vor Ort den Kundendienst durchführt, dies in der für den Kunden bestmöglichen Weise vollbringt. Er schafft mit minimalem Aufwand einen maximalen Nutzen für den Kunden: Das ist die Brüderlichkeit des Wirtschaftslebens.

## Unlösbare Probleme der Deutschen Bundesbahn?

**W.W.:** Sie würden also, um das Geistesleben eines Betriebes zu stärken, die Teamarbeit einführen? Können Sie das am Beispiel der Deutschen Bundesbahn darstellen?

**K.-D. B.:** Ja, ich konnte dazu beitragen, die Teamarbeit einzuführen. Dies geschah bei der Deutschen Bundesbahn durch die Einrichtung von Projektgruppen in großem Umfang. Wir haben Organisationseinheiten eingerichtet, die als Teams konzipiert waren. Und mit diesen Teams konnten wir die Planung und Realisierung u.a. für das InterCity-Netz, für den ICE, den InterRegio und die integralen Taktfahrpläne schaffen. Das führte Anfang der 90er Jahre zu einem deutlichen Anstieg der Fahrgastzahlen und zu durchgängigen Qualitätsverbesserungen der Bahn.

**W.W.:** Wie sind Sie dabei praktisch vorgegangen?

**K.-D. B.:** Ich habe die Dreigliederung im Vorstand dargestellt und über die Chancen einer Projektorganisation und die Notwendigkeit eines Innovationsmanagements gesprochen. Bei der Realisierung haben schließlich Hunderte von Menschen mitgewirkt. Es gab Innovations-Workshops und vielerlei Aktivitäten an den unterschiedlichsten Orten, um Probleme zu lösen, die bis dahin unlösbar schienen. Binnen fünf bis sieben Jahren führte dieser Prozeß zu guten Ergebnissen und einer deutlichen Verbesserung der betriebswirtschaftlichen Ergebnisse.

**W.W.:** Ist das heute immer noch so?

**K.-D. B.:** Nein, beim Übergang zur Deutschen Bahn AG - das ist das Enttäuschende - wurden diese Organisationsformen wieder aufgelöst. Das war in den Jahren 1994/95. In dieser Zeit wurden die projektorientierten Arbeitseinheiten aufgelöst, und das hierarchische Prinzip hielt wieder in einer einseitigen Weise Einzug in die Organisationsstruktur der Deutschen Bahn AG. Das war bedingt durch die Haltung des Vorstands, der vor allem autoritär und hierarchisch orientiert war und damit die Teamarbeit in den Führungsebenen reduziert hat.

**W.W.:** Wenn durch die Teams Ideen eingebracht werden, heißt das, daß es jetzt der Deutschen Bahn AG an Ideen mangelt?

**K.-D. B.:** Ja, so kann man das sehen. Bei den Teams muß man natürlich auch immer die Größe beachten, denn man kann nicht mit 50 Menschen – z.B. auf einem Waldorfelternabend – ein Team bilden. Um wirklich fruchtbare und innovative Ideen zu entwickeln, muß das Team eine Größe von fünf bis acht Mitarbeitern haben. In dieser Größe kann man sich einem Problembereich widmen. Jeder bringt seine Ideen ein, und man bewertet sie gemeinsam. Diese Bewertung darf nicht negativ erfolgen, sondern muß der Idee gerecht werden. Sobald eine Entscheidung gefällt werden muß, entsteht Rechtsleben, und die Ideenfindung der Teamarbeit wird damit unterbrochen.

**W.W.:** Wie wurde die Teamarbeit Anfang der 90er bei der Deutschen Bundesbahn gestaltet? Bestand die gesamte Arbeitszeit für einige Mitarbeiter aus Teamarbeit, oder wurden nur zu bestimmten Zeiten Teams gebildet?

**K.-D. B.:** Beides. Für die Entwicklung zukünftiger Marketingstrategien wurden Teams auf Zeit eingerichtet, in denen Menschen zwischen einem Monat und drei Jahren aus ihrer Organisation heraus in die Teams gegangen sind. Manche Teams blieben konstant eingerichtet, lediglich die Mitarbeiter wechselten den Aufgaben entsprechend. Darüber hinaus wurde mit großer Aktivität an allen Dienststellen Teamarbeit eingerichtet. Die vorgesetzten Mitarbeiter wurden angeregt, überall vor Ort Teamarbeit einzurichten.

Wenn ein Zug Verspätung hat, braucht man Kreativität, um die Verspätung wieder aufzuholen. An einer solchen Ideenfindung und ihrer praktischen Umsetzung sollte möglichst jeder Mitarbeiter vor Ort beteiligt werden, nach dem Motto von Joseph Beuys: „Jeder Mensch ein Künstler." Wenn eine Störung auftritt, braucht man Kreativität im Tagesgeschäft, denn diese Fehler können nur von den Teams vor Ort behoben werden, nicht durch hierarchische Befehlsketten. Und so kann ein Triebfahrzeugführer vielleicht die entscheidende Idee haben, wie ein verspäteter Zug seine Verspätung wieder aufholen bzw. eine weitere Verspätung vermieden werden kann.

## Der Vorstand griff durch

**W.W.:** Wie kommt es, daß die Deutsche Bahn AG nicht gerade den Eindruck eines fortschrittlichen, innovativen, dreigegliederten Unternehmens macht? Die Kassen sind leer, die Verspätungen häufen sich, die Zahl der Unfälle nimmt zu, das Schienennetz ist teilweise verrottet. Oder um ein einfaches kleines Beispiel zu nennen: Wenn man bis vor ca. zwei Jahren mit einem bestimmten Zug von Hamburg nach Flensburg fahren wollte, dann mußte man in Neumünster umsteigen. Der Zug, der von Neumünster nach Flensburg fuhr, wartete bereits auf dem Bahnhof in Neumünster. Waren alle Fahrgäste umgestiegen, dann fuhr dieser Zug allerdings keineswegs ab, sondern harrte noch mindestens 20 Minuten im Bahnhof aus, obwohl dafür nicht der geringste Grund bestand. Das wäre doch ein Problem gewesen, das durch ein Team vor Ort einfach hätte behoben werden können.

**K.-D. B.:** Die Deutsche Bundesbahn war eine hierarchisch strukturierte Behörde mit extrem ausgeprägtem Rechtsleben und einer Fülle von

Vorschriften. Durch die damaligen inneren Reformen wurde dies aufgebrochen, das Geistesleben konnte entwickelt werden und es entstanden die schon geschilderten neuen Züge, eine Qualitätsverbesserung. Durch die Delegation der Verantwortlichkeit konnten die Mitarbeiter mehr und mehr kundenzentriert arbeiten. Sie lernten, ganz anders auf den Fahrgast zuzugehen, was zumindest in den großen Zügen eindeutig zu bemerken war. Auch in den Zugrestaurants gab es eine große Qualitätssteigerung gegenüber den früheren Zuständen.

Der spätere Umbruch bei der Bahnreform zur Deutschen Bahn AG führte dann aber dazu, daß erfahrene Experten, die aktiv und kreativ bei der Arbeit waren, das Unternehmen verließen bzw. von seiten des Vorstands von ihren Posten abgelöst wurden. Der Vorstand praktizierte den „Durchgriff", er entschied, was zu tun war und fühlte sich auf jedem Gebiet kompetent: So reduzierte er sowohl die Delegation der Verantwortlichkeit als auch die Teamarbeit. Ein äußeres Bild dessen war die Auflösung der teamartigen Strukturen, Projektorganisationen wurden beseitigt. Der Vorstand entschied, und die Untergebenen führten durch.

Daß das in der Praxis bei einer so weitverzweigten Organisation nicht funktionieren kann, ist evident. Das führte dazu, daß die Tagesprobleme – wie z.B. das von Ihnen eben geschilderte aus Neumünster – nicht gelöst werden konnten.

Durch den Weggang der besten Leute ging außerdem sehr viel Sachverstand verloren. Es wurden z.B. Züge bestellt, von denen Fachleute von vornherein wissen konnten, daß sie überhaupt nicht funktionieren würden. Hinzu kam eine sehr starke Demotivierung der Mitarbeiter, weil durch die neue Hierarchie das System von „Zuckerbrot und Peitsche" eingeführt wurde: Einige wurden finanziell extrem belohnt, andere wurden bestraft.

**W.W.:** Gab es sogar Lohnkürzungen?

**K.-D. B.:** Nein, sondern um tüchtige Leute loszuwerden, hat man für sie außerhalb der Bahn gutdotierte Posten geschaffen; manche Mitarbeiter hat man zur Nichtarbeit verdammt. Gerade diejenigen Menschen, die zuvor höchst motiviert waren und nach den Erkenntnissen von Maslow „selbstentwickelnde Menschen“ sind, mußten sich bei Einführung der neuen Hierarchiestruktur zu Wort melden. Das wurde immer weniger geduldet. Dieser Verfall der Unternehmenskultur, diese Zerstörung der gemeinschaftlichen Zusammenarbeit führte dazu, daß oft solche Menschen eingestellt wurden bzw. auf Führungspositionen nachrückten, die Jasager sind, die für hohe Gehälter das machen, was der Vorstand will. Diese, dem Egoismus lebenden Menschen zeigen wenig Authentizität, sie bringen keine eigenen Ideen und Vorstellungen ein.

## Der Kunde spielt nur die zweite Geige

**W.W.:** Was folgt daraus für ein Unternehmen wie die Deutsche Bahn AG?

**K.-D. B.:** Ein konsequenter nächster Schritt: Weil man die Probleme nicht beherrscht, muß man die Bahn reduzieren. Zur Zeit ist ein starkes Reduktionsprogramm in Arbeit, und man will den Fernverkehr auf den ICE und einen Rest IC reduzieren. In zwei Jahren soll es z.B. keinen Inter-Regio mehr geben. Das ist eine Reduktion auf ein Kerngeschäft, das so lukrativ ist, daß es auch mit wenig Sachverstand realisiert werden kann.

**W.W.:** Führt das nicht zum Untergang der Deutschen Bahn AG?

**K.-D. B.:** Sie wird nicht untergehen, aber viel weniger Menschen befördern. Statt mehr wird es weniger Verkehr auf der Schiene geben. Auch der Zuschußbedarf wird entsprechend höher. Der Steuerzahler wird mehr Geld dafür bezahlen, daß weniger Menschen Bahn fahren. Das Netz der Bahn wird durch geringere Auslastung pro Zug natürlich nicht billiger, aber unwirtschaftlicher.

**W.W.:** Wie stehen Sie zu dem Ring-Speiche-System, das der Vorstandsvorsitzende Mehdorn einführen will?

**K.-D. B.:** Viele Züge, auch die ICEs, werden nicht mehr die weiten Strecken durchfahren, sondern an bestimmten Orten enden. Wenn Sie von

Hamburg nach Basel fahren wollen, werden die Züge nur noch von Hamburg nach Frankfurt am Main fahren, dort müssen alle umsteigen. Das will man deswegen machen, weil die weitlaufenden Züge verspätungsanfälliger sind.
Weil nach der Bahnreform auf Grund der geschilderten Unternehmensentwicklung die Verspätungen wuchsen, plant man, die Züge nicht mehr weite Strecken laufen zu lassen. Wenn ein Zug bereits nach einigen 100 km endet, glaubt man, die Verspätungen aufzufangen. Wenn der Zug in Frankfurt ankommt, werden die Fahrgäste auf den Bahnsteig verwiesen. Und wenn der Zug verspätet in Frankfurt einfährt, ist der Anschlußzug einfach fort. Dann fahren die Züge pünktlich, aber die Menschen bleiben in Frankfurt stehen. Sie werden einfach an allen Umsteigeknoten in hoffentlich gut ausgestatteten Lounges versorgt und können dann eine Stunde später den nächsten Zug nehmen.

**W.W.:** Kundenunfreundlicher geht es nimmer!

**K.-D. B.:** Das ist ein systemorientiertes Konzept, in dem der Kunde nur die zweite Geige spielt.

## Der Glaube an den Cäsar bekommt Risse

**W.W.:** Es gibt zwei weitere Aspekte, die mich als Kunde ungeheuer stören. Zum einen ist es das Frühbuchersystem, das im nächsten Jahr eingeführt werden soll. Je früher man bucht, desto geringer der Preis. Soweit ich orientiert bin, kann man dann nicht mehr kurzfristig den Zug wechseln, was auf Dienstreisen oft nötig ist. Der zweite Punkt ist, daß schon jetzt die Fahrkartenschalter drastisch reduziert werden, zumindest im ländlichen Bereich. Ich glaube, daß die Deutsche Bahn AG mit beiden Punkten nicht sehr gut beraten ist und die Fahrgastzahlen dadurch noch mehr zurückgehen werden.

**K.-D. B.:** Wenn die Sachkompetenz zur Handhabung eines komplizierten Systems fehlt, muß man das System vereinfachen. Und indem das System auf wenige Linien beschränkt wird, die Anschlüsse so gestaltet werden, daß es insgesamt weniger Anschlüsse gibt und daß notfalls die Kunden eine Stunde zu warten gezwungen sind, dann funktioniert das System insgesamt zwar besser, aber es ist in sich eindeutig weniger kundenorientiert. Dieses Problem ist wohl noch nicht richtig erkannt worden. Dasselbe gilt für die geplante Frühbuchung. Das ist ein sehr kritisches System. Dahinter steht die Tatsache, daß ein Zug, der um 10 Uhr vormittags fährt, weniger ausgelastet ist als einer, der um 8 Uhr fährt. Den um 10 Uhr fahrenden Zug will man jetzt den preisbewußteren Frühbuchern anbieten. Die Auslastung der nicht so frequentierten Züge ist eine legitime Maßnahme, allerdings muß man das nicht mit einer Frühbuchung koppeln: Billigplätze könnten auch noch am selben Tag verkauft werden. Es ist mir vollkommen unergründlich, warum man das Frühbuchersystem einführen will.

**W.W.:** Was war denn der Hintergrund der Neuorientierung der Deutschen Bahn AG Mitte der 90er Jahre? Gaben die leeren Kassen den Ausschlag?

**K.-D. B.:** Die Bahnreform hat die Deutsche Bahn AG finanziell wesentlich besser ausgestattet als vorher die Deutsche Bundesbahn. Die Zuschüsse und Leistungen des Bundes haben stark zugenommen, so daß die Ressourcen eigentlich besser sein müßten. Das wird aber durch den Verfall der Unternehmenskultur konterkariert. Der Vorstand agiert mit großer Machtvollkommenheit. Das Ganze ist in eine allgemeine Entwicklung eingebettet: Seit der Mitte der 90er Jahre ist allgemein das autoritäre Management überall viel stärker entwickelt als zu Beginn des Jahrzehnts. Dahinter stand der Glaube, daß ein Manager als Supermanager einen Weltkonzern bewegen kann und auf Shareholder-Value bringt. Man glaubte in seltsamer Weise an den Cäsar, der ein Weltreich weltweit ausrichten kann.

**W.W.:** Man braucht sich ja nur Daimler-Chrysler-Chef Schrempp anzuschauen, um zu sehen, daß dieser Glaube inzwischen Risse bekommt.

**K.-D. B.:** Genau, im letzten Jahr ist auf diesem Gebiet eine starke Ernüchterung eingetreten. Auch Herr Schrempp ist nur erfolgreich, wenn er weltweit Hunderttausende gute Mitarbeiter hat. Wenn er sie aber in ihrer Arbeit und in ihrem Ideenreichtum beschneidet, weil er selbst alles besser weiß, dann wird die Qualität der Firma schlechter, der Kundenbezug geht verloren und die Aufträge gehen zurück. Diese Zusammenhänge werden aber offensichtlich noch nicht richtig gesehen.

## Das Geistesleben wird in den Betrieben erweckt

**W.W.:** Die privat betriebenen Bahnstrecken, z.B. bei uns in Schleswig-Holstein, zeigen, daß es auch anders geht. In diesen Bahngesellschaften gibt es Motivation, Kundenbetreuung und Ideenreichtum. Die Züge fahren häufiger, sie sind billiger, neuer und technisch ausgereifter, und man erwirtschaftet dort Gewinn, wo die Deutsche Bahn AG Verlust einfuhr. Eigentlich wäre das ein Vorbild für die Bahn.

**K.-D. B.:** Man sieht an den kleinen Bahngesellschaften, die jetzt wie Maiglöckchen aus dem Boden schießen, daß sie dort wirtschaftlich fahren, wo die Deutsche Bahn AG bisher unwirtschaftlich fuhr, und daß sie in der Lage sind, einen besseren Kundenbezug herzustellen.
Die Deutsche Bahn AG hat deswegen jetzt eine neue und sehr gute Initiative gestartet, die sogenannte „Mittelstandsoffensive", um Nebenstrecken, auf denen sie bisher hohe Verluste einfuhr, in kleine Gesellschaften einzubringen, die die Strecken, Züge und Zugbegleiter integriert in eigener Regie führen. Da wirkt das Prinzip der Delegation der Verantwortlichkeit zugunsten einer intensiven Kundenorientierung! Die Befreiung aus der Bevormundung weckt in diesen kleinen Unternehmen das Geistesleben, denn nun unterliegen die Menschen vor Ort nicht mehr praxisfernen Beschlüssen und Verordnungen, sondern planen selbst.

**W.W.:** Muß der Bund das Schienennetz der Bahn genauso bezahlen und ausbauen wie die Straßen?

**K.-D. B.:** Wenn man Grund und Boden völlig privatisieren würde, gäbe es keine Bahn mehr. Der Münchener Bahnhof würde wesentlich mehr

Rendite abwerfen, wenn dort ein neues Geschäftszentrum errichtet würde. Der Bahnverkehr wird ebenfalls niemals eine so hohe Rendite abwerfen, wie eine privatrechtliche Nutzung des von der Bahn genutzten Grund und Bodens. Deswegen ist es unabdingbar, daß der Grund und Boden, den die Deutsche Bahn AG nutzt, weiterhin dem Staat gehört. Der Staat muß auch die Verkehrsanbindung garantieren. Wenn sich die Deutsche Bahn AG aus gewissen Gebieten zurückzieht, muß der Staat hochinteressiert sein, die Verkehrsanbindung dieser Gebiete anderen Unternehmen zu übertragen.
Das Netz der Bahn gehört zur DB-Holding, und das birgt tendenziell die Gefahr, daß sie dort nicht gerne einen Konkurrenten fahren lassen will. Daher erscheint es richtig, dass die Deutsche Bahn AG auch heute noch 100 % im Besitz des Bundes ist, wegen ihrer Rechtsform der Aktiengesellschaft hat er allerdings nicht mehr den Durchgriff auf sie.
Die Anlagen und Gleise des Bestandsnetzes ließ man außerhalb der Magistralen partiell verfallen, weil man aus Kostengründen die Wartung reduzierte. Darüber hinaus passierten beim Bau neuer Strecken und Bahnhöfe Fehleinschätzungen und Fehlentscheidungen, so daß immense zusätzliche Kosten zu finanzieren sind. Diese Mittel fehlen nun zur Instandhaltung der normalen Strecken.

**W.W.:** Sind Sie derzeit noch in der Deutschen Bahn AG tätig?

**K.-D. B.:** Zur Zeit habe ich keine Aufträge mehr von der Deutschen Bahn AG. Ich arbeite aber momentan im Auftrag des Freistaats Bayern an einem Bahnprojekt und berate andere Unternehmen.

## Konfliktpotentiale innerhalb des Geisteslebens

**W.W.:** Ich möchte noch die Konfliktpotentiale auf den drei Feldern des Geistes-, Rechts- und Wirtschaftslebens in einem Betrieb ansprechen. Was wären einseitige Fehlentwicklungen im Bereich des Geisteslebens, z.B. bei der Teamarbeit, und wo treten hier Konflikte auf?

**K.-D. B.:** Im Bereich der Teamarbeit entstehen die Konflikte meist dann, wenn jemand seine Macht durchsetzt und einen anderen, der gute Ideen hat, übergeht oder seine Ideen unterdrückt. Vielleicht wird sich der Unterdrückte zunächst ducken, aber das Potential für einen Konflikt ist damit gelegt. Man sollte von vornherein Organisations- und Rechtsformen finden, um zu klären, wer in einem Team oder einem Betrieb wann was entscheidet.

Wenn ein Konflikt auftritt, muß man zunächst einmal sehen, wie heiß der Konflikt ist und in welcher Phase er sich gerade befindet, ehe man darangeht, ihn zu lösen. Da ich kein Konfliktberater bin, würde ich bei einem ernsten Konflikt immer einen solchen hinzuziehen. Entscheidend ist immer die Frage, warum ein Konflikt entstanden ist. Oft wird man feststellen, daß in einer Institution oder Firma die entsprechenden Verfahrensweisen fehlen, die erforderlich sind, um Konflikte zu lösen.

Auch innerhalb einer Bürgerinitiative oder einer Schulinitiative – also einer Organisationsform des Geisteslebens – sollte man im Rechtsleben Formen finden, die verhindern, daß das Geistesleben durch Machtkämpfe abgewürgt wird. Deswegen versuche ich, eine Initiative immer so zu beraten, daß Entscheidungsbefugnisse von vornherein geklärt werden.

## Sachkompetente Entscheidungen am richtigen Ort

**W.W.:** An welcher Stelle treten in einem Betrieb Konflikte im Bereich des Rechtslebens auf?

**K.-D. B.:** Jeder Mitarbeiter eines Betriebes hat das Recht auf die gleiche Menschenwürde, und dazu gehört auch das Recht, daß jeder ein Feld für eigene Entscheidungen hat. Die Stellenbeschreibung, wie sie in der Industrie praktiziert wird, führt dazu, daß jeder weiß, was er selbst entscheiden darf. Sie definiert die Hierarchie, wer wem Anweisungen gibt und wer wem unterstellt ist. Der Vorgesetzte wird diesen Entscheidungsraum mit jedem Mitarbeiter so austarieren, daß niemand unter- und niemand überfordert wird. Durch Vereinbarungen entsteht ein qualifiziertes Rechtsleben, durch die Delegation der Verantwortlichkeit Wirtschaftsorientierung.

Konflikte im Rechtsleben kann man dadurch vermeiden, daß man Entscheidungsstrukturen einrichtet, die genau definieren, was wann wie durch wen entschieden wird. In unserer Waldorfschule in Gröbenzell entscheiden z.B. die einzelnen Arbeitskreise selbst, was in ihrem Geschäftsfeld geschieht. Wenn der Arbeitskreis, der sich mit der Landschaftsgestaltung beschäftigt, beschließt, auf dem Schulgelände mehrere Wasserläufe anzulegen, dann diskutiert dieser Arbeitskreis das Für und Wider, entscheidet über die Lösung, läßt die Arbeiten durchführen und muß sie auch verantworten. Es wäre unsinnig, wenn der Vorstand über die Wasserläufe entscheiden würde, denn in diesem Arbeitskreis sitzen die Fachleute, Gartengestalter, Bauingenieure usw.
Ich selbst war im Finanzkreis und habe über die Finanzen mitentschieden. Und ich kann sehr gut damit leben, daß andere über die Schulhofgestaltung entscheiden, wiederum andere Entscheidungen im Baukreis treffen oder die Mitglieder des Personalkreises über die Einstellungen des Personals befinden. Eine solche Aufgaben- und Entscheidungsverteilung führt dazu, daß sich jeder auf seinem Gebiet sachkompetent macht und dort mitentscheidet.

**W.W.:** Wo liegen die Konfliktpotentiale im Bereich des Wirtschaftslebens in einem Betrieb, z.B. in der Kundenorientierung?

**K.-D. B.:** Die Frage ist immer, welche Kompetenz der einzelne im Bereich der Kundenorientierung bekommt. Inwieweit darf also z.B. der Zugchef entscheiden, ob und wann ein außerordentlicher Halt auf der Strecke eingelegt wird oder wann er jemanden, der seine BahnCard vergessen hat, trotzdem zum halben Preis fahren läßt. So etwas kann nur der Zugchef aus der Situation heraus beurteilen und entscheiden. Der Vorstand kann dies nicht. Deshalb muß dem Zugchef, dem Triebfahrzeugführer oder einem Schalterbeamten ein Verantwortungsbereich übertragen werden, der in bezug auf den Kunden von ihm selbst gestaltet wird. Erst dann kann sich der Kunde aufgenommen fühlen, erst dann kann Brüderlichkeit entstehen. Wenn ein Zugführer oder Fahrkartenverkäufer nur Richtlinien und Verbote vorschiebt, wird der Kunde verprellt.

**W.W.:** Haben Sie irgendwann im Rahmen Ihrer Arbeit bei der Deutschen Bundesbahn bzw. der Deutschen Bahn AG die Dreigliederung nach Rudolf Steiner konkret benannt?

**K.-D. B.:** Was im Betrieb geschehen muß, geht weit über Rudolf Steiners Dreigliederung hinaus, da Steiner nur für das Makrosoziale, für das Staatswesen gefragt worden ist. Das war zu Lebzeiten Steiners das gravierendste Problem, denn Deutschland stand 1918 vor dem Ruin.
Heute steht unser Staat nicht vor dem Ruin, und er gewährleistet einigermaßen die drei voneinander unabhängigen Bereiche Geistesleben, Rechtsleben und Wirtschaftsleben. Deshalb liegt der Schwerpunkt der auszugestaltenden Dreigliederung heute in den Firmen, Schulen und anderen Institutionen. Dazu hat Steiner leider relativ wenig gesagt, weil er dazu nicht gefragt worden ist. Was zu Steiners Zeiten firmenintern als Dreigliederung entstand, in dem Unternehmen „Der Kommende Tag“, ist weitgehend ohne Steiners Mitwirkung gestaltet worden und dann auch gescheitert. Heute müssen wir uns aus der Anthroposophie, aus der tieferen Erkenntnis heraus bemühen, die aktuellen Probleme zu gestalten. Hier müssen wir schon selbst kreativ an die Arbeit gehen.

## Auf dem Weg der eigenen Entwicklung

**W.W.:** Was ist Anthroposophie?

**K.-D. B.:** Die Anthroposophie ist, so wie ich sie für mich erlebe, zunächst einmal ein Erkenntnisweg, der mir ermöglicht hat, die Phänomene der Welt besser zu verstehen, um daraus wirksamer handeln zu können. Insofern habe ich viel Vertrauen in die Arbeit Rudolf Steiners, weil sie sich in vielen Punkten als lebensgerecht, wahrhaftig und zukunftsweisend erwiesen hat. Die Bereiche, die ich selbst noch nicht verstehe, behandle ich mit einem positiven Vertrauen, mit dem Ziel, sie mehr und mehr zu verstehen und so anzuwenden, daß ich kein Nachahmer werde, sondern sie wie ein Künstler angehe und umforme.

**W.W.:** Wie sind Sie der Anthroposophie begegnet?

**K.-D. B.:** Mit 16 Jahren trat ich in die damalige Lehrwerkstatt Hibernia ein, die von Dr. Fintelmann auf die Waldorfpädagogik umgestellt wurde. Meine Eltern wußten wohl nur wenig von der Anthroposophie, fanden aber diese Lehrwerkstatt so überzeugend, daß sie mir empfahlen, das Gymnasium zu verlassen und dort eine Lehre zu beginnen. Mir selbst hat das sehr gut gefallen. In dieser Lehre wurde – wie an allen Waldorfschulen – zwar nichts über die Anthroposophie erzählt, aber mich interessierte zunehmend die Andersartigkeit und der Hintergrund dieser Lehrwerkstatt. Ich stellte Fragen, kaufte mir die Biographie Steiners und habe im Alter von 18, 19 Jahren versucht, die Hintergründe zu verstehen.
Ich habe dann ab 1961 in Stuttgart an der Technischen Hochschule Maschinenbau studiert und habe in dieser Zeit Friedrich Benesch in einem Kreis der Christengemeinschaft erlebt, in dem viele interessante Themen über das Christentum, die Anthroposophie und die Welt anklangen und fundiert besprochen wurden. Später, als ich bei der Bundesbahn arbeitete und in Frankfurt wohnte, hatte ich Begegnungen mit Alfred Schütze, einem Priester der Christengemeinschaft. Diese Menschen waren für mich so überzeugend in ihrem Auftritt, ihren Leistungen und Lebenserfahrungen, daß mir dadurch der Zugang zur Anthroposophie mehr und mehr eröffnet wurde. Dann habe ich mich selbst auf den Weg der eigenen Entwicklung begeben.

---

*Nachtrag: Aus einem Interview im Jahre 2008 (53):*

*... Mehdorn sitzt nun auf der anderen Seite des Tisches, er beugt sich nach vorn, er wippt nach hinten, er redet erst leise, dann wir er lauter, manchmal haut er auf die Tischplatte, manchmal schlägt er mit den Hacken auf den Boden, mal wird der Mund zum Strich: „Wollen Sie, dass es in Deutschland mehr und mehr, nur noch Franzosen, Polen, Engländer, Holländer oder Russen gibt, die Züge fahren lassen? ...Wollen Sie, dass die Chinesen hier das Geschäft machen?...Wir finden: Es ist besser für Deutschland und die Arbeitsplätze, wenn wir unseren Weg gehen. ...“*
*Kampf, Kampf, Kampf... Mehdorn steckt im Kampfanzug. Er ist einer jener Typen mit kantigem Gesicht, die stolz auf ihre Kanten sind....*
*Man denkt: So macht er das also, so verführt er die Politiker, so kriegt er es hin, dass seine Chefs, also der Verkehrsminister, letztlich auch die Kanzlerin, vor ihm kapitulieren, kuschen und sagen: Lasst den Mehdorn machen.*

## Einige Veröffentlichungen des Verfassers zum Thema „Bahn“:

Innovation in hierarchischen Organisationen ,1990
Kongress der deutschen Marktforschung „Wissen und Entscheiden“,
BVM Berufsverband Deutscher Markt- und Sozialforscher, Offenbach

Dreigliederung für die DB?, Die Drei, Stuttgart, Heft 7-8, 1991

Designarbeit für die Deutsche Bundesbahn - Methoden, Organisation und Ergebnisse , Symposiumsbericht Entwurfs- und Planungswissenschaft, Institut für Grundlagen der Planung, Universität Stuttgart, 1991

Einsame Inseln in der Bürokratie der Deutschen Bundesbahn,
Blick durch die Wirtschaft, FAZ, Frankfurt, März 1992

„Lean Management“ auch in der Waggon-Industrie?,
Verkehr und Technik, Berlin, Oktober 1993,

Die Qualität der Dienstleistung „Bahnreisen“
Eisenbahn Revue International, Luzern, Schweiz, Heft 12, 1999

Die Qualität der Deutschen Bahn AG – ein immer aktuelles Thema
Internationales Verkehrswesen, Hamburg, Heft 53, 6/2001

Im Schleudersitz als City Hopper –Verlieren wir die Kultur des Bahnreisens?
Der Fahrgast, Pro Bahn Zeitung, München, Heft 1, 2004
Die Zukunft der Bahn, Band 116, Ev. Akademie Baden, Karlsruhe, 2004,

Die deutsche Bahnreform: Ein Erfolg? Eisenbahn Revue-International,
Luzern (Schweiz), Heft 11, 2004

InterRegio – Die abenteuerliche Geschichte ..., (Buch), Freiburg, 2005

Bürgerbahn statt Börsenwahn, Publik Forum, Oberursel, Heft 5, 2006

Wird die Deutsche Bahn AG unter Wert verkauft?
Der Fahrgast, Pro Bahn Zeitung, Berlin, Heft 2, 2006

Die Deutsche Bahn AG: Daten - Fakten - Kritik, Vorschläge für eine Neuausrichtung, Bahn-Report, Rohr, Heft 2, 2008

Rückblick zum Neubeginn bei der Deutschen Bahn AG.
Eisenbahn-Revue International, Luzern (Schweiz), Heft 8-9, 2009

Bahnzukunft für Baden-Württemberg. Eisenbahn-Revue International,
Luzern (Schweiz), Heft 2, 2011

Der Weg der Bahn: Ein wirtschaftliches und ökologisches Desaster
Edition Offene Akademie im Arbeiterbildungszentrum, 57567 Daaden, 2012

Stationsgebühren der Deutschen Bahn AG -- Offenbarungen aus dem
Geschäftsbericht . Eisenbahn-Revue International, Luzern (Schweiz), Heft 8-9, 2013

(53) Arno Luik: Mehdorns letzte Fahrt, Der Stern, Hamburg, Nr.10, 2008

## *Das Märchen von Gut und Böse*

*Es lebt´ einmal ein Mann,*
*der sann viel über Weltendinge nach.*
*Es quälte sein Gehirn am meisten,wenn*
*er des Bösen Ursprung kennen wollte.*
*Da konnte er sich keine Antwort geben.*
*„Es ist die Welt von Gott, - so sagt´ er sich,*
*und Gott kann nur das Gute in sich haben.*
*Wie kommen böse Menschen aus dem Guten?"*
*Und immer wieder sann er ganz vergebens,*
*die Antwort wollte sich nicht finden lassen.*
*Da traf es sich einmal, dass jener Grübler*
*auf seinem Wege einen Baum erblickte,*
*der im Gespräch war mit einer Axt.*
*Es sagte zu dem Baume jene Axt:*
*„Was Dir zu tun nicht möglich ist,*
*ich kann es tun, ich kann*
*Dich fällen, Du mich aber nicht."*
*Da sagte zu der eitlen Axt der Baum:*
*„Vor einem Jahr nahm ein Mann das Holz,*
*woraus er deinen Stiel gefertigt hat,*
*durch eine andre Axt aus meinem Leib."*
*Und als der Mann die Rede hatt´ gehört,*
*entstand in seiner Seele ein Gedanke,*
*den er nicht klar in Worte bringen konnte,*
*der aber volle Antwort gab der Frage:*
*wie Böses aus dem Guten stammen kann.*

Rudolf Steiner, Mysteriendrama:
„Die Prüfung der Seele"

## Ausblick

## *34. Stellt euch dem Bösen nicht entgegen...*

*Aus dem Ich heraus sage ich euch:*
*Stellt euch dem Bösen nicht entgegen.*
*Schlägt jemand dich auf deine rechte Backe,*
*so biete ihm die linke auch dar.*
*Will jemand mit dir streiten und dir deinen Rock nehmen,*
*so lass ihm auch den Mantel.*
*Und nötigt dich jemand zu einem Wege von einer Meile,*
*so gehe zwei Meilen mit ihm.*

Evangelium nach Matthäus 5, 39-42
in der Übersetzung von Emil Bock

Können wir unser Leben nach einer derartigen Maxime gestalten? Wie ist das denkbar? Jeder Kampf gegen das *Böse* kann uns ergreifen und besetzen, unser Leben ausfüllen und über kurz oder lang dazu führen, dass wir selbst zweifelhafte und schließlich auch *böse* Mittel verwenden. Damit wird das *Böse* in der Welt nicht reduziert, sondern vermehrt.

Versuchen wir, *das Böse* zu verstehen. Wir erkennen es in Entwicklungen und Ereignissen, die uns daran hindern, gute Ziele zu erreichen, die uns unter Umständen sogar von unseren Zielen abzubringen versuchen. Gut und Böse werden in der heutigen Zeit weniger aus Maximen und Regeln, definiert, die aus der Vergangenheit stammen, als vielmehr im Blick auf die Zukunft erkannt. Dem dienen Fragen wie: Welche Wirkungen wünschen wir? Welches Leitbild, welche Ziele haben wir? Welche Maßnahmen und Schritte leiten uns zu ihnen? Wer und was führt uns dorthin?

Wer oder was entfernt uns von den Wegen zu unseren Zielen? Natürlich Andere! Warum? Haben sie andere Ziele? Vielleicht haben sie versteckte Absichten, die sie gar nicht offenbaren, oder die sie gar nicht wahrhaben (wollen)? Dahinter verbergen sich Bedürfnisse, Wünsche, Begehrlichkeiten. Sie gilt es zu entdecken: Hinter ihnen stehen Mitmenschen und Schicksale, die wir wahrnehmen müssen - nicht um sie zu bekämpfen, sondern um sie aufzunehmen. Wenn wir sie verstehen, dürfen wir versuchen, sie zu verwandeln, sofern sie den gemeinsamen Zielen entgegen stehen.

Ein anderes Einfallstor des *Bösen* ist viel schwerer zu erkennen und zu besprechen: das Ich und Selbst der Mitwirkenden.
Da gibt es für eine Initiative Anerkennung und Erfolge; diese wirken als Köder auf die Dimension der Authentizität: Sie wird zunächst bestärkt, dann vergrößert. Nun haben Andere mit ihren Ideen weniger Chancen, es wächst das Bestreben, nur die eigenen Vorstellungen gelten zu lassen. Oder - ein anderes Beispiel - der Spendenzufluss steigt, ein Großspender ist in Sicht. Da könnte man sich doch die Arbeit ein wenig honorieren lassen und Spendenprovisionen einführen: So wächst Egoismus (wie jüngst über ein bedeutendes Kinderhilfswerk berichtet wurde)!
Ein drittes Tor für das Böse: Wenn ich mich schon so engagiere, will ich auch das Geschehen bestimmen. Statt zu palavern, entscheide ich und tue selbst, was notwendig ist! Das kann ich besser als die Anderen. Ich reduziere damit meine Soziabilität und übe Macht aus!

Wie begegnet man solchen Entwicklungen? Indem ich mich selbst sorgfältig und immer wieder prüfe, ob ich in meinem Ich und Selbst noch in der Balance bin. Sehe ich problematische Entwicklungen bei anderen, kommt es darauf an, dies durch die Gestaltung des sozialen Geschehens bewusst werden zu lassen. Die Beteiligten können dann versuchen, die sozialen Prozesse so zu gestalten, dass ein Gegensteuern gelingt und Gleichgewichte im Ich und Selbst gefördert werden. Dies ist leicht, wenn negative Entwicklungen in ihren Anfängen erkannt werden.
In jedem Fall gilt es, die Beteiligten in einem sorgsamen, ja liebevollen Prozess im sozialen Umfeld zur Richtungsänderung zu bewegen. Dazu benötigt man Empathie, Geduld und Durchhaltevermögen, getragen von Selbstlosigkeit: Nur wenn nicht persönliche, sondern die gemeinschaftlichen Ziele obenan stehen, wachsen Fähigkeit und Kräfte, in den sozialen Prozessen das Gute zu finden und zu entwickeln.

## 35. Niedergang verhindern

„Der Niedergang des Westens“ wird im aktuellen Werk des Havard-Professors Niall Ferguson mit Daten und Fakten dargestellt (54). Wie kommt es, dass angesehene und leistungsstarke Einrichtungen, Unternehmen und Staaten „niedergehen“, ja sich selbst zerstören? Renommierte Firmen wie Thyssen-Krupp und die Commerzbank demontieren sich, stehen manchmal gar „am Abgrund“. „Verschleißen“ soziale Institutionen ähnlich wie Bauten und Maschinen, gibt es da ein allgemein-gültiges Gesetz?

Alexis Tocqueville (1805 - 1859) schrieb in „Über die Demokratie in Amerika“: *„...ist das Land, in dem man die Möglichkeiten der Menschen, sich zusammenzuschließen, am meisten ausnutzt,... Amerikaner jeden Alters, jedes Ranges, jeder Geistesrichtung schließen sich fortwährend zusammen, .., um Feste zu feiern, Seminarien zu begründen, Gasthöfe zu bauen, Kirchen zu errichten, ..., Missionare zu den Antipoden zu entsenden, sie erreichten auf diese Weise Spitäler, Gefängnisse, Schulen....“* Offensichtlich beschreibt er damit, dass in den noch jungen USA ein starker Gemeinsinn, eine gut entwickelte Soziabilität die großartige Entwicklung zu einer Weltmacht bewirkte. Die aktuelle Entwicklung in den USA erscheint gegenteilig: Robert Putman beschreibt in „Bowling Alone“, dass die Beteiligungen an öffentlichen Sitzungen, die Mitarbeit in öffentlichen Ausschüssen, die Mitgliedschaft in Klubs und Kirchen seit 1960 um 35 bis 70% gesunken sei. *„Eigennutz, Überheblichkeit und Arroganz - Nicolaus Freiherr von Oppenheim rechnet ab und erklärt, warum die Privatbank zugrunde ging“* (Titelzeile in der Süddeutschen Zeitung 17/18. 8. 2013).

Damit korrespondiert offensichtlich die gewachsene Ungleichverteilung von Einkommen und Vermögen. Christian Kreiß zitiert in seinem Buch „Profitwahn“ (55) aus dem Armuts- und Reichtumsbericht der Bundesregierung: *„...So verfügen die Hauhalte der unteren Hälfte... nur über gut ein Prozent des gesamten Nettovermögens, während die vermögensstärksten 10%... über die Hälfte des... Nettovermögens auf sich vereinigen...“.*

Warum verfällt offensichtlich der „Gemeinsinn“, warum vermindert sich bei vielen Menschen im Laufe der Zeit ihre „Soziabilität“? Sie bedarf offensichtlich der „Pflege“! Einbrüche in das Gemeinwohl durch Egoismus und Überheblichkeit bedürfen der „Heilung“! Diese Begriffe zeigen, dass es so etwas wie „Gesundheit“ und „Krankheit“ im „sozialen Organismus“ gibt. Dies gilt offensichtlich für jeden Verein, jedes Unternehmen. Jede gemeinschaftliche Arbeit ist immerwährend durch die beiden dargestellten Widersacher gefährdet. Wenn sie kollektiv wirken, wenn sie mehr und mehr Mitglieder erfassen, wirken sie potenziert, indem sie generell den Gemeinsinn zerstören und die soziale Atmosphäre korrumpieren.

Ein solcher „Verschleiß“, besser gesagt „Niedergang“ lässt sich derzeit auch im Rechtssystem der Bundesrepublik feststellen: Da ignorieren Richter und bestellte Sachverständige wesentliche Fakten und verbannen Gustl Molllaths sieben Jahre lang in die Psychiatrie. Strafanzeigen gegen Verantwortliche des Großprojekts „Stuttgart21“ werden von den Staatsanwälten gar nicht aufgenommen, während protestierende Bürger wegen kleinster Vergehen mit Bussgeldern bestraft werden.Der einst gut angelegte deutsche Rechtsstaat wird mehr und mehr korrumpiert!

Aus allen diesen Erlebnissen und Erfahrungen muss geschlossen werden: Eine einmal angelegte soziale Gestaltung bedarf laufender Pflege, damit sie nicht verfällt! Gesetze, Vereinbarungen und Regeln müssen geachtet und sorgfältig beachtet werden. Erscheinen sie nicht mehr zeitgemäß, müssen sie im Konsens weiter entwickelt werden. Fehler oder gar Schäden müssen offen besprochen, sollten möglichst gemeinsam behoben und so weit als möglich geheilt werden. Schuld kann nur jeder selbst für sich empfinden -- Schuldzuweisungen verhindern, eigene Anteile an der Fehlentwicklung zu erkennen: Damit wird zuletzt die eigene Entwicklung verhindert!

Die Gestaltung mit der „sozialen Dreigliederung“ kann solchem Niedergang wirksam vorbeugen, indem die Mitwirkenden angeregt werden, alle drei Dimensionen ihres Ich-Selbst gleichgewichtig zu entwickeln.

## 36. Aktuelle Meta-Krisen verstehen

Schauen wir auf die aktuelle Situation der Staaten Europas: Überall werden „Krisen" diagnostiziert, Staatskrisen, Bankenkrisen, Wirtschaftskrisen..., unübersehbar, schwer durchschaubar: Sind sie real bedrohlich?
Wie können wir das Geschehen verstehen? Die Ursache erscheint einfach: Die Regierungen, in Deutschland der Bund, die Länder und die Gemeinden, geben Jahr für Jahr über Jahrzehnte mehr Geld aus, als sie einnehmen. Daraus folgt eine immense Verschuldung der öffentlichen Haushalte. Sie beträgt in der Bundesrepublik über 2.100. Milliarden Euro. Geht man von 41 Millionen steuerpflichtigen Bürgern und Unternehmen aus, so beträgt der Schuldenstand im Durchschnitt 50 Tausend Euro je Steuerpflichtigem!

Diese Geldbeträge kommen von Gläubigern, zum kleineren Teil von Bürgern, zum gößeren Teil von Vermögenden, von Fonds und Banken. Sie haben die staatliche Gewähr, ihre Geldbeträge zurückzuerhalten. 2012 wurden in der Bundesrepublik etwa 280 Milliarden Euro staatliche Kredite zur Rückzahlung fällig, 7 Tausend Euro je Steuerpflichtiger! Ist das möglich? Aus dem gesamten Steueraufkommen von 570 Milliarden? Die staatlich garantierten Tilgungen sind nur durch neue Schulden zu leisten! Werden sie nicht geleistet, geht die Bundesrepublik „bankrott"!

Das wird nur dann vermieden, wenn die Reichen und Superreichen, die Fonds und Banken immer wieder binnen eines Jahres unserem Staatswesen 280 Milliarden Euro neue Kredite geben: Werden sie das tun?

Schauen wir auf die Folgen: Aus Steuern müssen Zinsen gezahlt werden: von der Bundesregierung 40 Milliarden Euro pro Jahr, weitere 20 Milliarden von den Ländern und Kommunen -- je Steuerpflichtigem etwa 1.500 Euro/Jahr!

Damit wird eine Entwicklung fortgesetzt, die vor Jahrzehnten begonnen wurde: Die Regierungen transferieren Steuergelder auf die Konten Vermögender, und bewirken damit, dass Jahr für Jahr die Bürger zu ihren eigenen Lasten den Reichtum der Vermögenden mehren.

*Ein Beispiel, das für viele Staatsprojekte steht,*
*Die geplante Neubaustrecke Wendlingen - Ulm*
*die im Konsens aller Parteien (außer der „Linken")*
*im Bund, Land und in Stuttgart beschlossen ist:*

*Überträgt man die spezifischen Kosten der vergleichbaren Neubaustrecke Ingolstadt-Nürnberg auf die geplante neue Strecke, so ergeben sich voraussichtliche Planungs- und Baukosten von 5 Mrd. Euro*, die ausschließlich vom Bund und Land aufgebracht werden sollen.*

*Die Fahrzeitverkürzung soll 25 Minuten betragen, so dass hier 200 Millionen Euro je Minute aus Steuern aufgewendet werden .*
*Aus den Baukosten ergeben sich Jahreskosten für Abschreibung, Zinsen, Instandhaltung und Betriebsführung von etwa 300 Mio.Euro/Jahr.**
*Zugkosten-Einsparungen bringen von vorauss. 40 Mio. Euro/Jahr*
*Mehrerlöse aus Zusatzverkehr und Preiserhöhung 60 Mio. Euro/Jahr*
*Es verbleiben somit: 200 Mio. Euro/Jahr,*
*die Bund und Land aus Steuergeldern Jahr für Jahr leisten müssen, in Form von Zinsen, Tilgungsleistungen, Instandhaltungszuwendungen, und erhöhten Bestellerentgelte für die Regionalexpresszüge. Mit diesem Betrag könnten 20 ...30 Mio. Zugkilometer pro Jahr mehr bestellt werden!*

*Die DB schätzt 10 Millionen Fahrgäste pro Jahr,*
*daraus folgt für die Steuerzahler, dass sie*
*jeden Fahrgast mit 20 Euro subventionieren!*
*Diese Neubaustrecke ist Teil einer EU-Magistrale:*
*Auf ihr benötigte die Deutsche Bundesbahn 1992*
*von Mannheim nach Salzburg 4 Std. 27 Min.,*
*2013 brauchen die Züge der DB 4 Std. 58 Min.:*
*5 Mrd. Euro kompensieren tatsächlich den Verfall*
*des Bahnbetriebs durch die DB-Aktiengesellschaft, Denn:*
*mit dem Bahnbetrieb von 1992 wäre die Neubaustrecke überflüssig!*

*Karl-Dieter Bodack: Neubaustrecke Wendlingen-Ulm
EI-Eisenbahningenieur, September 2011

Nebenstehend ist ein Beispiel eines der üblichen Großprojekte dargestellt: Niemand hat bisher die Frage gestellt, was es Jahr für Jahr kostet! Die dramatische Entwicklung der Staatsschulden, die ja offensichtlich von breiter Mehrheit der Menschen gewollt oder zumindest in Kauf genommen wird, hat doch wohl als Ursache einen allgemein weit verbreiteten Egoismus: Jeder fordert von seiner Gemeinde, vom Land und Bund stets mehr als er bereit ist, per Steuerzahlung zu leisten. Bestenfalls in Ausnahmefällen werden dabei die Folgekosten diskutiert, was das Theater, die Umgehungsstraße, der Freizeitpark im Betrieb, in der Pflege und Instandhaltung kosten wird! Ja - das ist offensichtlich ein gesamt-gesellschaftliches Tabu: Niemand rechnet das aus -- keiner spricht darüber!

Dabei kann mitnichten behauptet werden, man habe vom Schuldenmachen nichts gewusst: Alle öffentlichen Haushalte sind jedes Jahr Gegenstand weitreichender Diskussionen, die wesentlichen Zahlen werden publiziert. Die Rückzahlung der gigantischen Schulden allerdings unterliegt offensichtlich einem weiteren gesellschaftlichen Tabu: Alle verdrängen es, niemand spricht darüber, jeder wirkt mit!

Sind das nicht Symptome, die auf „Sucht" hinweisen? Sind wir alle von „Habsucht" besessen, von kollektiver Besessenheit, von einer landesübergreifenden, ja Europa-weiten Epidemie, stets mehr zu fordern als wir bezahlen wollen? Ist hier eine „Sucht", die „Habsucht" zum Volkssport geworden, zum Lebensziel der breiten Mehrheit aller Bürger?
Die Politiker scheinen von „Geltungssucht" besessen, wenn sie ihr Engagement vor allem gigantischen Projekten widmen, Projekten, die bei Betroffenen meistens heiß umstritten sind und die oft mehr Schaden als Nutzen stiften! Die Großprojekte Stuttgart-Ulm, die zusammen mindestens 12 Milliarden Euro kosten werden, verkürzen die Reisezeiten der Fahrgäste von und nach Stuttgart um im Mittel 30 Sekunden (Gutachten der Sma, Zürich, im Auftrag der CDU-Landesregierung, 2010).

Ja, die „Durchsetzungskraft" wird als Merkmal erfolgreicher Politiker gefeiert, erst damit gewinnt er Beifall und „Profil". Wird hier kollektiv die „Profilierungssucht" gepflegt - zu Lasten des Gemeinwesens?

Nun naht der Kollaps: Die Geldgeber machen sich Sorgen, dass sie ihre Kredite nicht zurückerhalten, der Stoff, der unsere Süchte nährt, geht aus! Ist das nicht gut? Ist es nicht schade, dass dies erst jetzt passiert? Sind wir von Banken, Fonds und reichen Anlegern abhängig geworden? Ja, ganz sicher, denn ohne laufende Geldzufuhr bricht das öffentliche Leben hierzulande zusammen! Zur Zeit brauchen Bund, Länder und Gemeinden in unserem Lande an jedem Werktag etwa eine Milliarde Euro neuer Kredite, um die Tilgungsverpflichtungen zu erfüllen!

Wer ist schuld? Die Banken, die Geldgeber? Jeder weiß, dass steigende Versorgung mit Suchtstoff jede Sucht steigert! Das sollten die Geldgeber, die großen Banken und der Kleinsparer wissen: Durch Schuldenschnite oder Staatsbankrotte werden sie Teile ihrer Vermögen verlieren.
Wer ist schuld? Der Süchtige verweist stets auf Andere: die Nachbarn (jeder macht mit!), die Politiker (haben die Schulden beschlossen), die Reichen (haben zinsbegierig die Kredite ohne Ende gegeben)! Damit wird die Spirale zum Strudel, der unser Gemeinwesen in den finanziellen Abgrund treiben wird, so wie es im 20. Jahrhundert passiert ist. Nicht die Banken sind schuld, sie sind nur „mit"schuld: Jeder Mitwirkende, auch wenn er gegen die Banken demonstriert, ist „mit"schuld!

Vor allem sollte allen Mitwirkenden die Tatsache bewust werden, dass die öffentlichen Schulden die Zukunft unserer Kinder und Enkel „verbrauchen": Die öffentlichen Hände können ja die Schuldentilgung erst dann leisten, wenn die Ausgaben drastisch beschnitten werden -- mit allen negativen Folgen für Arbeit, Versorgung und Sicherheit!

Chancen zur Rettung können erst dann entstehen, wenn die Ursachen erkannt werden: der Egoismus der Bürger, über die Jahre zur Habsucht gesteigert, und der Geltungswahn der Politker: Dann, und erst dann, wenn dies allgemein erkannt wird, wird Heilung möglich!
Mit einem gesellschaftsweiten Prozess der Bewusstwerdung dieser kollektiven Suchtepidemie werden Heilungsprozesse entstehen, aus solcher Selbsterkenntnis kann neuer gesellschaftlicher Konsens wachsen, der unserem Gemeinwesen nachhaltigen sozialen Frieden bescheren kann.

(54) Niall Ferguson: Der Niedergang des Westens, -
Wie Institutionen verfallen und Ökonomien sterben, Berlin, 2013

(55) Christian Kreiß: Profitwahn - Warum sich eine menschengerechtere
Wirtschaft lohnt . Marburg, 2013

## *Fakten und Daten zur Staatsverschuldung:*

*Schulden der öffentlichen Haushalte in Deutschland:*
*2.100 Milliarden Euro = 50.000 Euro je Steuerpflichtiger.*

*Deutscher Anteil am europäischen Sicherungsfonds:*
*250 Milliarden Euro = 6.000 Euro je Steuerpflichtiger.*

*Tilgungsverpflichtungen der öffentlichen Haushalte 2012:*
*280 Milliarden Euro = 7.000 Euro je Steuerpflichtiger.*

*Summe aller Steuereinnahmen 2012 voraussichtlich*
*570 Milliarden Euro = 14.000 Euro je Steuerpflichtiger.*

*Jährliche Zinslast der öffentlichen Haushalte:*
*60 Milliarden Euro = 1.500 Euro je Steuerpflichtiger.*

## *Zitate dazu aus der Süddeutschen am 12., 16., 18. 11. 2011:*

*...Für mich ist es keine Euro- sondern eine Schuldenkrise der Staaten...*
*(Klaus Tschüschtscher, Regierungschef von Liechtenstein).*
*... Länder müssen sich auf dem Kapitalmarkt finanzieren, oft allein schon deshalb, um Altschulden in Milliardenhöhe bedienen zu können. Sie sind von Anlegern abhängig wie Junkies von neuem Stoff ...(Prof. M.Gärtner).*
*... Die anhaltend steigende Zinslast für Staatspapiere und die sich somit verteuernden Schulden drückten den Dax zeitweilig um 2,8% ins Minus...*
*...Die schwarz-gelbe Koalition will 2012 mehr neue Schulden machen als in diesem Jahr...Mit Blick auf die europäische Schuldenkrise und die höchsten Steuereinnahmen seit Bestehen der Bundesrepublik wertete der SPD-Haushaltsexperte Carsten Schneider die ansteigende Neuverschuldung als Versagen der Bundeskanzlerin und ihres Finanzministers...“Die Hauptsorge der Menschen in Deutschland ist, dass das Land durch immer höhere Schulden in eine Abhängigkeit der Finanzmärkte gerät“, sagte Schneider. Für die Koalition sei das jedoch kein Thema. „Dort wird geprasst“....*
*Wann immer dieser Tage mehr als zwei Menschen mit profunder Kenntnis über wirtschaftliche Zusammenhänge beisammensitzen, gibt es ... nur ein Thema: Die Zukunft Europas, das Schicksal der gemeinsamen Währung, die Schuldenkrise, die die ganze Welt in den Abgrund zu ziehen droht....*

## 37. Heilung schaffen

Gelingt es, aus Erkenntnis Bewusstsein entwickeln, dann ist ein Bundestagsbeschluss denkbar, der die reichsten Bürger verpflichtet, 10% ihrer Vermögen zur Schuldentilgung der öffentlichen Hände abzugeben. Immerhin gab es einen solchen „Schnitt“ 1948 mit der Währungsreform und dem damit verbundenen „Lastenausgleich“, bei dem über einige Jahre diejenigen, die über Sachvermögen verfügten, beträchtliche Vermögensabgaben zu leisten hatten.
Das Gesamtvermögen der Bundesbürger beträgt schätzungsweise 10.000 Milliarden Euro, 60% sollen 6 Millionen Bürgern gehören, die durchschnittlich eine Million besitzen (55). Würden sie 10% ihrer Vermögen spenden, könnte der Bund, die Länder und Gemeinden daraus die für ein Jahr fälligen Zinsen und Tilgungen leisten: Schulden und Zinsen wären danach um etwa 12% reduziert..

Dies hätte weitreichende gesellschaftliche Konsequenzen: Steuergelder würden weniger über Zinsen und Tilgungen auf die Konten der Reichen gelenkt werden, sondern mehr in Lebensfelder der Bürger: Hier schaffen sie Arbeitsplätze, Nutzen in Bereichen des Sozialen und der Bildung.
Vor allem würde damit vermieden, dass über die öffentlichen Schulden die Jetzt-Verdienenden die Zukunft ihrer Kinder „verbrauchen“: Die Last von 50 Tausend Euro je Steuerzahler wird ja seit Jahren immer weiter in die Zukunft verschoben, da fällige Tilgungen mit immer neuen Krediten „geleistet“ werden.

Bürger und Politiker sehen sich im Bund - wo dies ab 2014 im Grundgesetz verankert ist -- wie auch in den Ländern und Gemeinden im Konsens, die öffentlichen Schulden nicht mehr zu erhöhen, sondern ersparte Zinsen zur Schuldentilgung zu verwendetn damit hoffentlich in einem Jahrzehnt das im Maastricht-Vertrag festgesetzte Schuldenlimit von 60% des Bruttosozialprodukts erreicht wird -- bis dahin ist ja auch die Bundesrepublik gegenüber den EU-Partnerländern vertragsbrüchig!

Dann versichern die Politiker in Wahlkämpfen Großprojekte nur noch nach Volksentscheiden durchzuführen, damit sie nicht Opfer neuer Geltungssucht werden: Im Bund, in allen Bundesländern und Gemeinden werden Volksentscheide mit geringen Hürden ermöglicht. Kann oder wird das eintreten? Wie realistisch ist eine solche Erwartung?

Zur Zeit sind wir davon noch entfernt, die Not ist noch nicht groß genug, um eine solche, wahrhaftig dramatische Einsicht, zu schaffen. Die Zeit könnte binnen Jahresfrist dafür reif werden, wenn die Mittel und „Hebel" des Europäischen Sicherungsfonds aufgebraucht sind, die Staaten der EU weitere Kredite benötigen und folgerichtig die Kreditgeber sich weigern, die fälligen Kredittilgungen mit erneuten Anleihen aufzubringen. Dann müssten Bund, Länder und Gemeinden durchschnittlich die Hälfte der Steueraufkommen für Tilgungen verwenden -- das ist unmöglich: Der Staatsbankrott erscheint unausweichlich!

Wird er zum Erwachen, zur Bewusstwerdung der jahrzehntelangen Fehlsteuerung, zur Erkenntnis dessen führen, was jeder selbst zur Katastrophe beigetragen hat? Sicher nicht sogleich: Denn diejenigen, die die Lage aufgrund ihres Reichtums wenden könnten, leiden ja am wenigsten, können sich sogar in andere Länder absetzen. Wenn jeder die „Schuld" bei anderen sucht, sich selbst jedoch aus seinen Schuldzuweisungen ausnimmt, werden soziale Unruhen unvermeidlich: *Das in Sich selber gehen ist die unbequemste Art der Fortbewegung"* (Robert Lembke). Damit könnte der letzte Rest an „Gemeinsinn" verloren gehen!

Tatsächlich gibt es Hoffnungsschimmer: In Berlin haben sich Vermögende zusammengefunden, die eine Vermögensabgabe leisten wollen und damit die Bundesregierung auffordern, die Vermögenssteuer wieder einzuführen (www.appell-vermoegensabgabe.de).

Je mehr Menschen erkennen und erleben, dass Glück nicht aus Reichtum erwächst, sondern aus der persönlichen Balance von Authentizität, Egoität und Soziabilität, desto mehr wird das Gemeinwesen zu einer Balance zwischen Arm und Reich, zwischen privatem und öffentlichem Besitztum finden:

*Einen glücklichen Menschen finden*
*ist besser als eine Fünfpfundnote*
Robert Stevenson

## 38. Gemeinwohl erfahren

Der Glaube, dass der Egoismus in der Gesellschaft Gemeinwohl schafft (seit Adam Smith das Mantram für das Wirtschaftsgeschehen) gerät in Zweifel: Mehr und mehr Menschen erkennen dieses Dogma nicht mehr an, ja protestieren energisch gegen das „Weiter So".

Ein „Leuchtturm" ist die Bewegung „Gemeinwohl-Ökonomie", begründet von dem Österreicher Christian Felber. Er kritisiert im gleichnamigen Bestseller die Ausrichtung auf Eigennutz und Konkurrenz, die den Kindern von Anfang an in den staatlichen Schulen antrainiert wird, „Profit", „Karriere" und „Macht" werden als höchste Werte vermittelt, Kooperation, Hilfe und Liebe werden dabei in private Nischen verbannt (56)! Schulen, die - wie z.B. die Waldorfschulen - auf diesen Werten gegründet sind, gelten immer noch als lebensfremd, obwohl viele ihrer Absolventen wichtige Rollen im öffentlichen Leben spielen.

Diese Doktrin spiegelt sich in den „Bilanzen" der Unternehmen, in denen der Erfolg vor allem in „Gewinn" und „Wachstum" ausgewiesen wird: Schäden durch Umweltkatastrophen, Irreführung von Kunden, Ausbeutung von Lieferanten und Unterjochung von Mitarbeitern zerstören zweifellos Lebensgrundlagen und beschädigen Individuen, spielen jedoch in den Bilanzen keine Rolle!

Dem soll abgeholfen werden, indem Initiativen, Einrichtungen und Unternehmen „Gemeinwohl-Bilanzen" erstellen. Dazu wurden von einer Initiative in Wien vorläufige Richtlinien erarbeitet (www.gemeinwohl-oekonomie.org). Eine Reihe von Unternehmen hat sie inzwischen angewandt, wie z.B. die Sparda Bank München e.G. (www.sparda-m.de).
Sie basieren auf fünf Wertefeldern:

Menschenwürde - Solidarität - ökologische Nachhaltigkeit - soziale Gerechtigkeit - demokratische Mitbestimmung und Transparenz

und fünf Beziehungsfeldern:

Lieferanten - Geldgeber - Mitarbeiter - Kunden - Gesellschaft.

Außerdem gibt es K.O.-Kriterien, z.B. feindliche Übernahmen, Beteiligungen in Steueroasen, Verhinderung von Betriebsräten u.a..
Aus den möglichen fünf mal fünf Beurteilungsfeldern wird eine Matrix gebildet, in der Mitarbeiter, Kunden und Gesellschaft jeweils in Bezug auf die fünf Wertefelder beurteilt werden -- für Lieferanten und Geldgeber gibt es je nur ein Beurteilungsfeld. Die spezifischen Bewertungen in jedem der Felder können mit Punkten oder den Noten *„Beginner - Improver - Achiever - Leader"*, vergleichbar den Noten 4 bis 1, geschehen. Solche Gemeinwohl-Bilanzen ergänzen die herkömmlichen Geschäftsberichte. Sie sollen dazu dienen, den Beitrag des Unternehmens zum Gemeinwohl zu erfassen, bewusst zu machen und zu kommunizieren. Sie können dazu beitragen, dass sich Geldgeber, Kunden und Stellensuchende ein ganzheitliches Urteil über Unternehmen bilden können.

Besonders dringlich erscheint die Gemeinwohl-Bilanzierung für öffentliche Unternehmen, ganz besonders auch für die Deutsche Bahn AG. Sie ist gemäß Artikel 87e des Grundgesetzes dem „Wohl der Allgemeinheit" verpflichtet, richtet jedoch ihre Planung und Unternehmensführung weitgehend auf Gewinnerzielung aus: 2012 erreichte aus dem Netz, den Personenbahnhöfen und dem Regionalverkehr -- Unternehmensbereichen, deren Einnahmen überwiegend aus Steuergeldern stammen -- vor Steuern einen „Gewinn" von 1.454 Millionen Euro. Dieser geradezu phantastische Gewinn wird Jahr für Jahr vor allem dazu verwendet, Speditionen und Logistikfirmen in der ganzen Welt aufzukaufen: Gleichzeitig verkommen die hiesigen Bahnanlagen! Wegen überhöhter Infrastrukturgebühren können die Länder nicht genügend Nahverkehrszüge bestellen.

Außerdem leiden die Kunden der DB unter wachsender Unzuverlässigkeit sowie unter Fahrzeitverlängerungen und Reduktionen im Fernverkehr; Kapazitätsengpässe erschweren den Güterverkehr -- nur der „Gewinn" glänzt! Wie glücklich wären die Bahnkunden, wieviel mehr Verkehr gäbe es auf der Schiene, würde die DB AG ihr Ziel im „Gemeinwohl" sehen - wie es das Grundgesetz fordert!

(56) Christian Felber: Gemeinwohl-Ökonomie - Das Wirtschaftsmodell der Zukunft, Wien 2010

*Wer den Himmel nicht in sich selber trägt,*
*der sucht ihn vergebens im ganzen Weltall*
Otto Ludwig

Boris Lauffer (1932-2006):
Und über uns der Himmel
Ein Bildband: Malerei und Poesie
Marie.lauffer(a)t-online.de
www.Boris-Lauffer.de

## 39. Geistige Kräfte wecken

*Im Geiste sich finden,*
*heißt Menschen verbinden.*
Rudolf Steiner

Ein wirksamer, erster und einfacher Schritt zur Selbstentwicklung kann mit einer möglichst täglichen Rückschau auf den Tag vollzogen werden, in der die eigenen Taten und Leiden in der Erinnerung nacherlebt werden. Das hilft, die eigenen Erlebnisse zu vertiefen und weckt in der folgenden Nacht die Möglichkeit, sich mit dem Selbsterlebten tiefer zu verbinden.

Wenn es dabei gelingt, Dankbarkeit für alle Mitwirkenden und für Gelungenes zu empfinden und Unvollkommenheiten ohne Selbstvorwürfe auf sich zu nehmen, veranlagt man eine Grundstimmung des Gerne-in-der -Welt-Seins und des Aufeinander-Angewiesen-Seins.

Für diejenigen, die mit sinnstiftenden Inhalten meditieren möchten, sei eine viergliedrige mantrische Spruchfolge empfohlen, die, wenn mit ihr ernsthaft gearbeitet wird, geistige Kräfte auf dem Weg zum "Sich selbst entdecken und Andere verstehen" wecken kann. Es ist die Grundsteinmeditation, die Rudolf Steiner zu Weihnachten 1923/24 den aus der ganzen Welt in Dornach/Schweiz versammelten Mitgliedern der Anthroposophischen Gesellschaft schenkte (31,32).

Diese Spruchfolge ist menschheitsorientiert und begründet einen neuen Weg zum „Erkenne Dich Selbst". Die aus der griechischen Kultur stammende Grundforderung bezieht Steiner nunmehr auf unsere aktuelle Entwicklung. Er tut dies, in dem er die drei Seelenfähigkeiten des Wollens, Fühlens und Denkens (in dieser Reihenfolge) dazu anregt, *„wahrhaft zu leben -- wahrhaft zu fühlen – wahrhaft zu denken"*. Es werden damit die Sphären der Herkunft, der Gegenwart und der Zukunft angesprochen.

Dies ist zu üben im *„Geist Erinnern in Seelentiefen - Geist Besinnen im Seelengleichgewichte - Geist Erschauen in Gedankenruhe"*. Im Erleben der drei Seelenglieder kann das eigene Ich-Selbst seine dreifachen Beziehungen zur göttlichen Trinität wecken:

› in seiner Herkunft vom Vater-Gott,

» in seinem aktuellen Empfinden in seiner Beziehung zum Sohnes-Gott,
»» in seiner Teilhabe an den Weltgedanken in der Orientierung zum Geist-Gott (31).

Dabei wird die eigene Seele in dreifacher Weise zur Erkenntnisarbeit aufgerufen. Dies wird besiegelt mit den drei klassischen Spruchworten der Rosenkreuzer, um damit den Menschen spirituell mit der trinitarischen göttlichen Welt zu verbinden.

Im vierten Vers des Grundsteinspruchs wird die Hilfe Christi zur Weckung der Kräfte des Herzens und des Hauptes angerufen: Sie mündet im „Wir" gemeinschaftlicher Arbeit (31) *„...dass gut werde, was wir aus Herzen gründen, was wir aus Häuptern zielvoll führen wollen."*

Rudolf Steiner schuf mit diesen mantrischen Sprüchen einen Weg zur ganzheitlichen und gegliederten Arbeit der Selbsterkenntnis. Sie erscheint heute unabdingbar für jede gute Gemeinschaftsbildung, weil ohne kontinuierliche Arbeit am eigenen Selbst keine wahre soziale Kompetenz gewonnen werden kann. Dazu gehört, dass die Einflüse von Gegenmächten von jedem Mitwirkenden selbst erkannt und begrenzt werden.

Die „Grundsteinlegung" mit dieser Spruchfolge hat sich offensichtlich als sehr wirkensvoll erwiesen: in allen Erdteilen gibt es Initiativen, Einrichtungen und Unternehmen, die auf anthroposophischem Erkenntnisgut aufbauen: Mehr als tausend Waldorfschulen, heilpädagogische Einrichtungen, Kliniken, Ärzte und Therapeuten, die Demeter-Landwirtschaft, die GLS-Bank und ähnliche Banken im Ausland. Das seinerzeit gegründete Zentrum „Goetheanum" in Dornach bei Basel., bietet als „Freie Hochschule für Geisteswissenschaft" Studienmöglichkeiten und Tagungen.

Die Selbstentwicklung ist auf vielen Wegen möglich - das sollte jeder Mitwirkende in einer Gemeinschaft mit großem Respekt, ja mit aktiver Wertschätzung der Anderen erleben, erfahren und pflegen.

Auf die „Grundsteinmeditation" sei hier hingewiesen, weil der Verfasser wesentliche Grundlagen zu diesen Inhalten aus der Arbeit mit ihr gewonnen hat - sie ist daher gewissermaßen „Grundstein" auch dieses Buches.

Zur weiteren Arbeit sei besonders empfohlen::
Ernst Katz: Gedanken über die Grundsteinmeditation
Ralf Gleide: Die Verbindung mit dem Weltenmenschen
in: (32) Sergej O. Prokofieff (Herausgeber): Die Grundsteinmeditation als Schulungsweg, Dornach (Schweiz), 2002.

Die „Grundsteinmeditation" kann im Internet gefunden werden unter www.AnthroWiki.ch, Rudolf Steiner Gesamtausgabe Band 260a: Die Bildung der Allgemeinen Anthroposophischen Gesellschaft, Seiten 34 bis 36

*Alexej Jawlensky: Grosse Meditation, 1956*

Mit freundlicher Genehmigung des Alexej Jawlensky-Archivs S.A.:

Eine meditative Einführung in das Werk Jawlensky findet sich in (57):

## 41. Geistschulung erwägen

Zu allen Zeiten gab es Menschen, die direkten Zugang zur Geistwelt hatten und pflegten. Inzwischen gibt es Schulungswege mit Arbeits- und Übungsschritten, die jedem offen stehen. Unserem Kulturkreis am nächsten erscheint der Entwicklungsweg, den Rudolf Steiner in seinem Werk „Wie erlangt man Erkenntnisse der höheren Welten" (58) vorschlägt. Er baut auf unserem Lebensumfeld auf und kann schon in den ersten Schritten Hilfen zur besseren Bewältigung tagtäglicher Lebensaufgaben vermitteln. Es ist ein Übungsweg, der rational, voll bewusst individuell gestaltet wererden soll und so weit gegangen werden kann, wie es jeder individuell für sich entscheidet.
Bei allem Gewinn an individueller „Reife" schon nach ersten Schritten, wird eine eigene Geisterkenntnis jedoch in aller Regel nur dann erreicht werden können, wenn mit kontinuierlicher Ausdauer so lange geübt wird, bis die entsprechende Wahrnehmungsfähigkeit gewonnen wird.

Als erster Schritt, so schlägt Steiner vor, ist „Devotion", die Verehrung von Geistwelt und Geisterkenntnis zu üben, die ehrwürdige Achtung geistiger Wahrheiten. Dem muss folgen, dass derartige Erkenntnisse selbstlos entgegen genommen werden müssen, also nicht zur eigenen Wissensbefriedigung oder zu selbstbezogenen Auftritten missbraucht werden: *„Jede Erkenntnis, die Du suchst, nur um Dein Wissen zu bereichern,..., führt dich ab von deinem Wege, jede Erkenntnis aber, die du suchst, um reifer zu werden auf dem Wege zur Menschenveredelung und der Weltentwicklung bringt dich einen Schritt vorwärts."*

Eine dritte Maxime steht am Eingang dieses Entwicklungsweges: *„Jede Idee, die dir nicht zum Ideal wir, ertötet in deiner Seele eine Kraft, jede Idee, die aber zum Ideal wird, verschafft in dir Lebenskräfte."* (58).

Mit diesen Maximen wird das Ich-Selbst und das Höhere Selbst angesprochen: Es ist aufgefordert, sie als Ideale aufzunehmen und mit Denken, Fühlen und Wollen ins tägliche Leben zu bringen. Ist das erreicht, kann der erste Übungsschritt versucht werden: Sich jeden Tag Augenblicke für eine ruhige Reflexion des eigenen Lebens zu schaffen, zurückzuschauen, auf das was geschehen ist und getan wurde, zunächst mit dem Ziel,

*„das Wesentliche vom Unwesentlichen zu unterscheiden“*. Dabei kommt es darauf an, sich selbst aus einem höheren Standpunkt wahrzunehmen: Damit wir das Höhere Selbst aktiviert, das sonst weitgehend unbewusst bleibt: Denn dieses ist ja Teil der Geistwelt!

Daraus erwächst dann mehr und mehr Ruhe und Selbstsicherheit, die es ermöglicht, mit mehr Gelassenheit die Wogen des Alltags zu gestalten, weniger getrieben und mehr aus eigenen Intentionen zu handeln.
In einem nächsten Schritt kann es dann gelingen, über die eigene Lebenssituation hinaus im reflektierten Geschehen Allgemein-Menschliches zu entdecken, Gesetzmäßigkeiten zunächst liebevoll zu erfühlen, die im Geschehen wirksam sind. Damit geht die Reflexion in Meditation über, eine willentlich-bewusste Versenkung in Gedanken- und Gefühlsinhalte. Bis hierhin, noch vor der Schwelle der eigentlichen Geist-Schulung, werden Ich-Kräfte und damit Fähigkeiten zur Lebensführung gewonnen.

Auf dieser Basis können dann drei Stufen weiterer Arbeit folgen, die Rudolf Steiner als *„Vorbereitung – Erleuchtung – Einweihung“* beschreibt: Sie bedürfen ausdauernder Arbeit und führen nach Erfahrungen des Verfassers über längere Zeit zunächst nur zu kaum wahrnehmbaren „Erfolgen“. Dieser Weg erfordert darüber hinaus die Einhaltung einiger Bedingungen bei der Selbstschulung. Er öffnet sich daher nur demjenigen, der ernsthaft und mit Ausdauer auf diesem Weg arbeitet. Schließlich ist er grundsätzlich „blockiert“ dadurch, dass jeder Mensch sich aus seinem Schicksalsgeschehen eine Widerstandswand gegen den Eintritt in die Geistwelt aufbaut, die er erkennen, erleben und überwinden muss (58).

Der Blick auf einen solchen Schulungsweg kann dazu führen, Ergebnisse der Geistesforschung, wie sie sich z.B. in anthroposophischen Arbeiten und deren Veröffentlichungen offenbaren, mit der gebührenden Achtung aufzunehmen, zu prüfen und anzuwenden (59) -- so wie wir Ergebnisse der Naturwissenschaften aufnehmen und anwenden, ohne dass wir selbst im jeweiligen Wisenschaftsgebiet forschen! Alle wirklichen Geist-Erkenntnisse erschließen sich dem logisch-konsequenten Denken und bestätigen sich, indem wir uns mit ihnen verbinden und sie ins Leben bringen indem wir sie anwenden.

(57) Frank Rüdiger Hildebrandt:
Alexej Jawlenky: Auf den Grund geschaut
Werkmetamorphose des Malers, Alfter, 2013

(58) Rudolf Steiner: Wie erlangt man Erkenntnisse der höheren Welten,
verschiedene Ausgaben, 23 Auflage, Dornach/Schweiz, 1993

(59) Rudolf Steiner: Die Wirklichkeit der höheren Welten, Dornach/Schweiz, 1988

## *Der wirkliche Apfel*

*Ein Mann der Feder,*
*berühmt und bekannt als strenger Realist,*
*beschloß, einen einfachen Gegenstandzu beschreiben, wie er ist:*
*Einen Apfel zum Beispiel, zwei Groschen wert,*
*mit allem, was dazu gehört.*

*Er beschrieb die Form, die Farbe, den Duft,*
*den Geschmack, das Gehäuse, den Stiel,*
*den Zweig, den Baum, die Landschaft die Luft,*
*das Gesetz, nach dem er vom Baume fiel...*

*Doch das war nicht der wirkliche Apfel, nicht wahr?*
*Denn zu diesem gehörte das Wetter, das Jahr,*
*die Sonne, der Monde, die Sterne...*

*Ein paar tausende Seiten beschrieb er zwar,*
*doch das Ende lag in weiter Ferne;*
*denn schließlich gehörte er selber dazu,*
*der all dies beschrieb, und der Markt und das Geld*
*und Adam und Eva und ich und du*
*und Gott und die ganze Welt...*

*Und endlich erkannte der Federmann,*
*daß man nie einen Apfel beschreiben kann.*
*Von da an ließ er es bleiben,*
*die Wirklichkeit zu beschreiben.*
*Er begnügte sich indessen,*
*damit, den Apfel zu essen.*

Michael Ende (60)

## Hinweise
## 41. Verzeichnis der verwendeten Werke

(n der Reihenfolge, wie sie im Text vorkommen,
die darüber stehenden Ziffern bezeichnen die Kapitel des Textes)


1.

(1) Hans-Peter Bartels: Victory-Kapitalismus – Wie eine Ideologe uns entmündigt, Köln, 2005

(2) Franz Bischoff: Synarchie – Soziale Kunst, Anthroposophie, Merkurial-Publikationsges., Frankfurt (M), Heft III, 2003

(3) Jörg Schindler: Die Rüpel-Republik, Warum sind wir so unsozial? Frankfurt, 2012

2.

(4) Victor E. Frankl: Der Mensch vor der Frage nach dem Sinn, (1985), München, 1997

(5) Coenraad van Houten:
Erwachsenenbildung als Willenserweckung, Stuttgart, 1993/99
Erwachsenenbildung als Schicksalspraxis, Stuttgart, 1999

3.

(6) Friedrich Schiller: Über die ästhetische Erziehung des Menschen in einer von Briefen (1795) mit einem Vorwort und Nachwort von Heinz Zimmermann, Stuttgart, 2005

(7) J.W. Goethe: Das Märchen, in Unterhaltungen deutscher Ausgewanderter (1794)

(8) Michael Ende: Das Gauklermärchen, (1988), München, 2004

(9) K.D. Bodack: Goethes „Märchen“ und Michael Endes „Gauklermärchen“ als Spiegel unserer Arbeitswelt , NOVALIS, Schaffhausen (Schweiz), Juli/August 1997

(10) Rudolf Steiner: Die Kernpunkte der sozialen Frage (1919) mit einem Nachwort von Otto Schily, Dornach (Schweiz), 1966

(11) Lex Bos: Was ist Dreigliederung des sozialen Organismus? Dornach (Schweiz), 1984

4.

(12) Rudolf Steiner: Goethes geheime Offenbarung in seinem Märchen.. Aufsätze und Vorträge aus den Jahren 1904 bis 1918, Dornach,1982

5.
(13) Abraham H. Maslow: Motivation und Persönlichkeit (1954), Hamburg 1991

(14) Rudolf Steiner: Theosophie, Einführung in übersinnliche Welterkennntnis (1904/1922), Dornach (Schweiz), 1995

(15) Kinder- und Hausmärchen, ges. durch die Brüder Grimm, München, 1966

6.
(16) Joseph Le Doux: Das Netz der Persönlichkeit, Düsseldorf/Zürich, 2003

(17) Rudolf Steiner: Die praktische Ausbildung des Denkens, drei Vorträge (1909), mit einem Vorwort von Walter Kugler, Stuttgart, 1988

7.
(18) K.D. Bodack: Selbstverwirklichung als Schlüssel zur Wirtschaft – Zukunftsgestaltung unserer Gesellschaft auf der Basis zunehmender Individualisierung, NOVALIS, Schaffhausen (Schweiz), Nr. 5/6, 2003,

(19) Erich Fromm: Haben oder Sein, Frankfurt, 1979

(20) Victor E. Frankl: Der Mensch vor der Frage nach dem Sinn, München, 1985

8.
(21) Abraham Maslow: Motivation und Persönlichkeit (1954), Hamburg, 1991

(22) Johannes W. Rohen: Morphologie des menschlichen Organismus, Stuttgart, 2003

(23) Rudolf Steiner: Die Philosophie der Freiheit, Dornach (Schweiz), 1996

9.
(24) Ken Wilber: Das Wahre, Schöne, Gute - Geist und Kultur im 3. Jahrtausend, (1997), Frankfurt, 2000

(25) Jacques Attali: Brüderlichkeit – Eine notwendige Utopie im Zeitalter der Globalisierung, Mit einem Nachwort von Gerald Häfner, Stuttgart, 2003

(26) Christof Lindenau: Soziale Dreigliederung – der Weg zu einer lernenden Gesellschaft, Stuttgart, 1993

10.
(27) Ernst Bindel: Die geistigen Grundlagen der Zahlen, Die Zahl im Spiegel der Kulturen – Elemente einer spirituellen Geometrie und Arithmetik, (1958), Stuttgart, 1998

(28) Walther Bühler: Das Pentagramm und der Goldene Schnitt als Schöpfungsprinzip, Stuttgart 1996

11.
(29) Alfred Schütze: Vom Wesen der Trinität, Stuttgart, 1980

(30) Hans Küng,: Das Judentum, München, 1991

(31) Rudolf Steiner: Die Grundsteinlegung der Allgemeinen Anthroposophischen Gesellschaft (1923/24), Dornach (Schweiz), 1986

(32) Sergej Prokofieff (Herausgeber): Die Grundsteinmeditation als Schulungsweg, Dornach (Schweiz), 2002

12.-16.
(33) Friedel Lenz: Bildsprache der Märchen, (1984), Stuttgart, 2003

(34) Julia Butterfly Hill: Die Botschaft der Baumfrau, München, 2000

(35) Diether Rudloff: Freiheit und Liebe, Grundlagen einer Ästhetik der Zukunft, Stuttgart, 1986

(36) Joseph Beuys: Aufruf zur Alternative, Achberg, 1980

17.-19.
(37) Rudolf Steiner: Themen aus dem Gesamtwerk 19: Das Mysterium des Bösen, ausgewählt und herausgegeben von Michael Kalisch, Stuttgart,1999

(38) Erich Neumann: Tiefenpsychologie und neue Ethik, München, 1973

20.-22.
(39) K.D. Bodack: Gestaltung des Rechts: Erfahrungen und Grundsätze, Erziehungskunst Nr. 2, 2006, Stuttgart

(40) Armitai Etzioni: Die Verantwortungsgesellschaft - Individualismus und Moral in der heutigen Demokratie, Frankfurt, 1997

(41) Friedrich Glasl: Das Unternehmen der Zukunft, Moralische Intuition in der Gestaltung von Unternehmen, Stuttgart, 1994

23.-25.
(42) Rudolf Steiner: Der menschliche und der kosmische Gedanke, Vorträge 1914, Dornach (Schweiz), 2000

(43) K.D. Bodack: InterRegio, die abenteuerliche Geschichte eines beliebten Zugsystems, Freiburg, 2005

26.-27.
(44) Marshall B. Rosenberg: Konflikte lösen durch gewaltfreie Kommunikation, Freiburg, 2004
(45) Gewaltfreie Kommunikation, Paderborn, 2002

28.-31.
(46) Harald Klimenta: Das Gesellschaftswunder – wie wir Gewinner des Wandels werden, Berlin, 2006

(47) Götz W. Werner: Ein Grund für die Zukunft: Das Grundeinkommen, Stuttgart, 2006

(48) John O`Donohue: Anam Cara, das Buch der keltischen Weisheit, München, 1997

(49) Harry G. Frankfurt: Gründe der Liebe, Frankfurt, 2005

(50) Sergej O. Prokofieff: Die okkulte Bedeutung des Verzeihens, Stuttgart, 1995

(51) Ken Wilber: Ganzheitlich Handeln, eine integrale Vision für Wirtschaft, Politik, Wissenschaft und Spiritualität, Freiamt, 2001

32.
(52) Susanne Risch: Ganz neue Züge, Manager Magazin, Hamburg, Nr. 11, 1992

33.
(53) Arno Luik: Mehdorns letzte Fahrt, Der Stern, Hamburg, Nr. 10, 2008

34.- 38.
(54) Niall Ferguson: Der Niedergang des Westens - Wie Institutionen verfallen und Ökonomien sterben, Berlin, 2013

(55) Christian Kreiß: Profitwahn - Warum sich eine menschengerechtere Wirtschaft lohnt, Marburg, 2013

(56) Christian Felber: Gemeinwohl-Ökonomie - Das Wirtschaftsmodell der Zukunft, Wien, 2010

39-40.
(57) Frank Rüdiger Hildebrandt:
Alexej Jawlenky: Auf den Grund geschaut
Werkmetamorphose des Malers, Alfter, 2013

(58)Rudolf Steiner: Wie erlangt man Erkenntnisse der höheren Welten, verschiedene Ausgaben, 23 Auflage, Dornach/Schweiz, 1993

(59) Rudolf Steiner: Die Wirklichkeit der höheren Welten, Dornach/Schweiz, 1988

41.
(60) Das Michael Ende Lesebuch, herausgegeben von Hansjörg Weiprecht, Frankfurt, 1989

# 42. Veröffentlichungen des Verfassers

die Beziehungen zu den dargestellten Themen haben


1. Innovation in hierarchischen Organisationen, 1990
Kongress der deutschen Marktforschung „Wissen und Entscheiden“, BVM Berufsverband Deutscher Markt- und Sozialforscher, Offenbach

2. Dreigliederung für die DB?, Die Drei, Stuttgart, Heft 7-8, 1991,

3. Designarbeit für die Deutsche Bundesbahn - Methoden, Organisation und Ergebnisse , Symposiumsbericht Entwurfs- und Planungswissen schaft, Institut für Grundlagen der Planung, Universität Stuttgart, 1991,

4. Einsame Inseln in der Bürokratie der Deutschen Bundesbahn, Frankfurter Allgemeine Zeitung, Blick durch die Wirtschaft, Frankfurt, Nr.42, 2003

5. Hohe Entwurfsqualität - hierarchische Organisation
Der Architekt, Stuttgart, Heft 10, Oktober, 1992,

6. „Lean Management“ auch in der Waggon-Industrie?,
Verkehr und Technik, Berlin, Oktober 1993

7. Designmanagement bei der Deutschen Bahn AG, Die stillen Designer - Manager des Designs, Design Zentrum Nordrhein Westfalen, Essen, 1994

8. Goethes „Märchen“ und Michael Endes „Gauklermärchen“ als Spiegel unserer Arbeitswelt NOVALIS, Schaffhausen, Schweiz, Juli/August 1997, gekürzt wiedergegeben in Kapitel 32

9. Organische Gestaltung in der Architektur unserer Zeit, IFMA-Newsletter, Internationales Forum Mensch und Architektur, Berlin, April 1998,

10. Die Qualität der Dienstleistung „Bahnreisen“
Eisenbahn Revue International, Luzern (Schweiz), Heft 12, 1999,

11. Individualität – Dreigliederung – trimodale Organisationsentwicklung
Stuttgart, Die Drei, Heft 9, 2000

12. Dreigliederung in der Praxis, Das Goetheanum
Dornach (Schweiz), Nr. 7, 2001

13. Ist der Zug abgefahren? Interview in „Es ist an der Zeit“
Flensburger Hefte Flensburg, Nr. 72, 2001,

14. Die Qualität der Deutschen Bahn AG – ein immer aktuelles Thema
Internationales Verkehrswesen, Hamburg, Heft 53, 6/2001

15. Das integrale Bewußtsein, Coburger Hochschulmagazin, Nr.1, Coburg, 2001

16. Bei der Bahn verschwand die Kultur, Interview, Berliner Morgenpost, Berlin, 29. 4. 2001

17. Wohin fährt die Deutsche Bahn? Interview, Die Drei, Stuttgart, Heft 12, 2002

18. Nachhaltig zusammenarbeiten – durch Dreigliederung? Rundbrief, Initiative Netzwerk Dreigliederung, Stuttgart, Nr. 2, Juni 2002

19. Team, Hierarchie, Delegation – auch in der Schule? Lehrerrundbrief, Bund der freien Waldorfschulen, Stuttgart, Nr. 75, Juni 2002

20. Wenn das Rechtsleben unentwickelt ist, wird die Schule unmenschlich! Das Goetheanum, Dornach (Schweiz), Nr.36, 2002

21. Selbstverwirklichung als Schlüssel zur Wirtschaft – Zukunftsgestaltung unserer Gesellschaft auf der Basis zunehmender Individualisierung, NOVALIS, Schaffhausen (Schweiz), Nr. 5/6, 2003

22. Die deutsche Bahnreform: Ein Erfolg? Eisenbahn Revue-International, Luzern (Schweiz), Heft 11, 2004

23. Im Schleudersitz als City Hopper –Verlieren wir die Kultur des Bahnreisens? mobilogisch, Berlin, Heft 4, 2003
Der Fahrgast, Pro Bahn Zeitung, München, Heft 1, 2004
Die Zukunft der Bahn, Band 116, Ev. Akademie Baden, Karlsruhe, 2004

24. InterRegio – Die abenteuerliche Geschichte eines beliebten Zugsystems Freiburg, 2005

25. Rechtsleben als spirituelle Aufgabe, Das Goetheanum, Dornach (Schweiz), Nr.41, 2005,

26. Gestaltung des Rechts: Erfahrungen und Grundsätze, Erziehungskunst, Stuttgart, Nr. 2, 2006

27. Zukunft des öffentlichen Sektors – Beispiel Deutsche Bahn AG Sozialimpulse, Initiative Netzwerk Dreigliederung, Stuttgart, Heft 1, März 2006,

28. Bürgerbahn statt Börsenwahn, Publik Forum, Oberursel, Heft 5, 2006,

29. Wird die Deutsche Bahn AG unter Wert verkauft? Der Fahrgast, Pro Bahn Zeitung, Berlin, Heft 2, 2006

30. Wozu braucht die DB AG privates Kapital, Eisenbahn-Kurier, Freiburg, Heft 12, 2007

31. Die Deutsche Bahn AG: Daten - Fakten - Kritik, Vorschläge für eine Neu ausrichtung, Bahn-Report, Rohr, Heft 2, 2008

32. Das Drama Teilverkauf der DB AG - Letzter Akt?
Eisenbahn-Kurier, Freiburg, Heft 5, 2008

33. Wie beurteile ich Architektur- und Designqualität
Mensch und Architektur, Berlin, Nr. 41, 2003

34. Organische Gestaltung -- Soziale Gestaltung, Mensch und Architektur, Internationales Forum Mensch und Architektur, Berlin, Nr.46/47 2004,

35. Metamorphose wagen, Mensch und Architektur,
Internationales Forum Mensch und Architektur, Berlin, Nr.52/53, 2005

36. Organische Gestaltung in der Deutschen Bundesbahn und Deutschen Bahn, Mensch und Architektur, Nr.63, Berlin, 2008

37. Organische Gestaltung von Schulgebäuden, in: Jeanette Böhme: Schularchitektur im interdisziplinären Diskurs, Wiesbaden, 2009

38. Zum Grundeinkommen: Wertvolle Ansätze
Das Goetheanum, Dornach (Schweiz), Nr. 7, 2009

39. Entgleiste Utopien - Druck und Sog
Das Goetheanum, Dornach (Schweiz), Nr. 11, 2010

40. Widersacherwirken im Sozialen - Raum für produktive Kräfte
Das Goetheanum, Dornach (Schweiz), Nr. 18, 2010

41. Für Stuttgart 21 gibt es viele Gründe - Doch welche sind die ausschlaggebenden? Eisenbahn-Kurier, Freiburg, Heft 8, 2010

42. Bahnzukunft für Baden-Württemberg: Alternativen zu Suttgart 21, Eisenbahn-Revue International, Luzern (Schweiz), Heft 2, 2011

43. Für eine Angebotsoffensive im Schienenverkehr, Erwartetes und Erreichtes der Bahnreform, Deutsche Bahn, Alternativer Geschäftsbericht, Lunapark21, Extra05, 14552 Michendorf, 2011

44. Neubaustrecke Wendlingen - Ulm,
EI-Eisenbahningenieur, September 2011

45. Der Weg der Bahn: Ein wirtschaftliches und ökologisches Desaster E
Offene Akademie im Arbeiterbildungszentrum, 57567 Daaden, 2012

46. Stationsgebühren der Deutschen Bahn AG -- Offenbarungen aus dem Geschäftsbericht . Eisenbahn-Revue international, Luzern (Schweiz), Heft 8-9, 2013

*__Prof. Dipl.-Ing. Karl-Dieter Bodack, M.S.,__ * 1938 in Stuttgart, studierte Maschinenbau, Design, sozialwissenschaftliche und kybernetisch orientierte Fachgebiete in Essen, Ulm, Stuttgart und Berkeley (USA).*

*Er arbeitete fast drei Jahrzehnte in Stabs- und Führungspositionen der Deutschen Bundesbahn und DB AG, u.a. als Berater des Vorstandsvorsitzenden. Dabei konnte er dazu beitragen, dass die Marktorientierung der Mitarbeiter und die Qualität der Dienstleistungen substanziell verbessert wurden. Außerdem war er verantwortlich für die Gestaltung von Reisezügen der DB und der Lufthansa und initiierte den TUI-FerienExpress und den Desert-Express in Namibia.*

*In freiberuflicher Arbeit unterstützte er Initiativen, Schulen und Firmen bei der Entwicklung innovativer Sozialgestaltungen und wirkte aktiv an der Gründung und dem Aufbau der Rudolf-Steiner-Schule Gröbenzell mit.*

*Er initiierte er das „Internationale Forum Mensch und Architektur"und führte in dessen Rahmen in mehreren Ländern Seminare zur Umweltgestaltung und zu sozialwissenschaftlichen Themen durch.*
*An der Hochschule Coburg gründete er den interdisziplinären Studiengang „Integriertes Produktdesign".*

*Im Bündnis „Bahn für Alle" berät er Bürgerinitiativen zu Themen der Bahn und wirkte als Sachverständiger im Verkehrsausschuss des Deutschen Bundestags.*
*In den Diskussionen der Großprojekte Stuttgart-Ulm unterstützt er das Bündnis gegen Stuttgart 21 und nahm an den Schlichtungsrunden mit Heiner Geißler teil.*

*Zu den in diesem Buch dargestelte Themen veranstaltet er regelmäßig Seminare und berät Initiativen, Einrichtungen und Unternehmen in Problemfeldern der Zusammenarbeit und Organisationsgestaltung.*
*Er lebt in Gröbenzell bei München.*

*Kontakt: kd.bodack@gmx.de.*